영재교육의 실제적 전략 시리즈

series editors

Frances A. Karnes & Kristen R. Stephens

영어 영재를 위한 실제적인 책략

Working With Gifted English Language Learners

Michael S. Matthews 지음

이미순 옮김

아카데미프레스

Working With Gifted English Language Learners

차 례

역자 서문

영어 영재에 관한 실제적 책략을 소개한「Working with Gifted English Language Learners」라는 책을 번역하면서, 이 책을 통해서 교사들이 우선 영어문화권과 우리나라의 상황을 비교하도록 권고하는 바이다. 왜냐하면 영어문화권에서 정의한 영어 영재의 개념과 우리나라에서 정의할 영어 영재의 개념이 문화적인 차이로 인해 다를 수밖에 없기 때문이다. 그러므로 이 책을 읽는 동안, 교사들은 영어 영재보다는 다문화 사회로 변화하는 상황 속에서 어떻게 영재를 정립해야 하는지의 문제를 자연스럽게 생각하게 될 것이다.

현재 우리 사회에서 '영재'와 '영어'는 화두가 되고 있는 실정이므로, '영어 영재'만큼 이론적 및 실제적 관심을 받는 주제는 없을 것이다. 그러나 아직까지 '영어 영재'에 대해 합의된 정의에 도달하지 못하여, 영어 영재에 대한 판별, 영어 영재의 교육목표 및 교육 방안에서도 혼란이 빚어지고 있다.

물론 이상의 혼란을 이 책에서 한꺼번에 해결할 수는 없지만, 일차적으로 영어 영재의 특성과 이들을 위한 지도방안에 대한 방향성을 얻을 수는 있을 것이다. 이에 영어 및 영어 영재를 지도하는 교사들은 이 책을 통해서 영재와 영어 영재에 대한 보다 폭넓은 시각을 갖출 수 있기를 기대한다.

끝으로 책이 출판되기까지 여러 모로 노력해 주신 아카데미프레스 홍진기 사장님과 편집부 여러분께 진심어린 감사를 드리면서, 책에 어린 정성과 노력만큼 우리나라의 영재교육이 발전하길 기원한다.

2008년 10월

이미순

시리즈 서문

『영재교육의 실제적 전략 시리즈』는 교사, 상담가, 교육행정가, 부모 그리고 그 외에 이 분야에 관심이 있는 사람들에게 영재교육 분야에서 많이 논의되는 다양한 이슈들에 대한 최신 교수 기법과 정보를 제공해 준다. 이 시리즈의 각 권은 영재교육 분야에서 권위 있는 학자들에 의해 많이 논의되는 주제를 중심으로 소개되고 있다. 대표적인 주제는 다음과 같다.

- 영재 학습자들을 가르치기 위한 속진 전략
- 교육과정 압축: 잠재성이 뛰어난 학생들을 변별하기 위한 첫걸음
- 영재 학습자들을 위한 심화 기회
- 영재 학습자들을 위한 개별 연구 활동
- 영재학생들에게 동기 부여하기
- 영재아들을 가르치기 위한 질문 전략
- 사회적 · 정서적 교수 전략
- 영재 학습자들을 위한 매체공학 사용하기

서 론

빠르게 변화하는 인구는 미국 역사상 새로운 현상이 아니다. 미국 역사를 보면 이민율이 주기적으로 증가하고 감소하였음을 알 수 있다(Noel, 2000). 지난 10년간 측정한 이민율은 들쑥날쑥하여 보통 사람의 눈으로는 전혀 주기성을 볼 수 없을지도 모른다. 우리 생활을 이에 비교하면 짧기 때문에, 초기 1990년대 이래 나타난 이민의 빠른 증가는 조상들이 미국에 와서 몇 세대를 지낸 대부분의 사람들에게는 새로운 현상처럼 비춰질 수 있다. 최근 몇 년에 무언가 정말 달라졌지만, 이민자 그 자체의 유입만큼 더 분명하게 달라진 것은 없다. 그러므로 우리 교육 시스템에서 이러한 상황을 고려하게 되었다.

최근 몇 십 년 전, 특히 2차 세계대전 이전에는 미국 사람들이 대학에 진학하는 일이 비교적 적었다. 전쟁 이후에 GI 법안(Bill)으로 인해 보다 많은 사람들이 교육을 지향하도록 재정적인 지원을 제공하게 되었다. 그 이래, 직업 유형의 변화와 고임금 지위에 대한 경쟁으로 대학 학위가 소수 특권층의 사치품이라기보다는 모든 사람을 위해 필수적인 것으로 추구하게 되었다. 오늘날 대부분의 부모들은 자녀가 대학에 입학하기를 바란다. 공립학교에서 주된 목표가 모든 학생의 대학 입시를 준비하는 것이 되었다. 따라서 이것이 오늘과 과거의 교육적 노력에서 나타나는 기본적인 차이이다. 초기 시대에는 단지 몇 명의 선택받은 사람만이 대학에 입학한다고 생각하였다. 오늘날 교육 시스템으로 인해 모든 학생들이 민족, 집에서 사용하는 언어 혹은 경제적 지위에 상관없이 대학 이후에도 교육을 받고자 희망한다.

최근, 2001년 No Child Left Behind Act(NCLB)로 모든 학생들을 교육하는 것이 법적인 힘을 갖게 되었다. 만일 어떤 인구학적 집단에 소속된 학생이더라도 그해 적절한 발달 사항(adequate yearly progress, AYP)에 도달하지 못한다면, 학교들은 법적 제재 및 기타 제약을 받는다. 그해 적절한 발달 사항은 표준화된 검사 점수에 기초하여 규정하고 있다. 따라서 AYP 목표를 달성하기 위해서 모든 학생들이 치르는 표준화된 검사 점수는 미리 결정해 놓은 높은 수준의 점수를 받도록 해마다 증가해야 한다. 부수적인 언어로서 영어를 학습하는 학생들은 이러한 새로운 입법 조항하에서 가장 어려움을 겪고 있는 집단 중 하나이다(Abedi, 2004; Sternberg, 2004; Wright, 2005).

우수한 학생들에게 적절히 교육받을 기회를 준다는 점에 대해서 달리 생각하거나 논쟁할 필요가 거의 없다. 보다 빨리 학습할 수 있고 또래보다 깊고 복잡하게 학습할 수 있는 학생들에게 모든 기회를 주어야 한다. 적절한 교육적 경험을 제공하는 것이 바로 학교의 일차적인 목표이며, 여러 면에서 "보통" 또래와는 다른 영재의 개별 요구를 언급하는 특별한 교육의 한 형태로서 매우 우수한 학생의 요구에 부합하기 위해 영재교육 프로그램을 마련해야 한다. 일반적으로 영재 프로그램은 다른 특수교육 영역처럼 위임되어 있지 않다. 심지어 영재 프로그램이 있어도 영재 프로그램의 혜택을 받아야 할 대부분의 학생들에게 참여할 기회를 주지 못하고 있다.

영어 학습자(English Language Learners, ELL)는 여러 가지 이유로 인해 영재 프로그램에서 잘 눈에 띄지 않는다(Castellano, 2003; Castellano & Díaz, 2002). 대개 영어로 검사를 실시하기 때문에 이 학생들은 언어 차이로 인해 표준화된 검사에서 높은 점수를 얻지 못할지도 모른다. 낮은 검사 점수 외에도, 학교에서 의사결정을 내리는 사람들은 영어가 유창한 학생만이 영재가 될 수 있다고 잘못 생각하기도 한다(Aguirre, 2003). 마지막으로, 문화적인 배경은 학업에 대한 학생의 의지를 낮출 수 있으며, 이로 인해 이 학생들(혹은 보다 중요한 것은 학생의 부모)의 학교 영재 프로그램 참여가 감소하고 있다.

이런 저런 장애에도 불구하고, 학교는 모든 학생들에게 적절한 교육을 제공할 책임이 있다. 특히, 1975년 공법 94-142(보다 최근에는 장애인 교육 혹은 IDEA라고 명명하는)는 학생의 능력과 상관없이 각 학생들에게 "무상의 적절한 공교육"을 제공해야 한다는 점을 명문화 하였다. 비록 학업적으로 재능 있는 영재를 위해 법적으로 서비스를 위임해 놓지 않았지만, 대부분의 주들은 최소한의 서비스를 제공하고 있다. 연구들은 영재들에게 도전을 제공하지 않아 비롯되는, 특히 미성취와 자퇴 등의 부정적인 결과를 분명히 보여 주고 있다(Matthews, 인쇄 중; Renzulli & Park, 2002; Rimm & Lovance,

1992). 따라서 적절한 교육적 서비스를 받지 못하는 매우 우수한 학생들은 상상할 수 없는 결과, 즉 학교에서 잘 지내지 못할 수도 있다.

학업적 · 정서적 요구를 고려한 적절한 교육이 영재에게 바람직하다. 이것이 바로 영재교육 조항의 기저가 되는 주된 원리이지만, 항상 외부 사람들에게 효과적으로 이를 전달하지 못하고 있다. 그러나 영재 프로그램이 제공하는 이점은 단지 이것만이 아니다. 다른 학생들도 또래가 학업적으로 성취하는 것을 볼 때 얻는 것이 있다. 예를 들어, 연구에 의하면 정규 학급 내 학생들도 보다 높은 학업 능력을 또래가 가지고 있을 때 보다 빨리 학습하는 것으로 나타났다(Betts, Zau, & Rice, 2003). 그러므로 적절한 프로그램으로 영어 영재 학습자의 요구를 효과적으로 충족시켜 주는 것이 관련된 모든 사람들에게 이점이 될 것이다. 그만한 자격이 있는 영어 학습자에게 교육적 요구를 충족할 심화 교육을 제공할 뿐 아니라, 또한 학생들의 검사 점수의 평균을 높이고, 지금 학교에서 요구하는 AYP 조건을 만족시켜 주는 데 도움이 될 것이다.

이 책은 실제적인 지침이 어떻게 영어 영재 학습자의 판별과 교육에 영향을 미치는지 강조하면서 영어 학습자 관련 도입 활동을 교사들에게 소개할 것이다. 이상의 정보는 주요 교육 문제에 대한 교사의 인식을 증진할 뿐 아니라, 학교에서 학생들의 교육적 요구를 충족시켜 주어 학급과 세상에서 학생들의 잠재력이 발현될 수 있도록 도움을 줄 것이다.

이 책의 여러 예제와 자료는 스페인계 영어 학습자에게 초점을 맞추고 있으나, 제2언어 학습 과정은 그 관련 언어가 무엇이든지 간에 꽤 유사할 것이다. 언어 학습 과정은 어느 특정 언어 혹은 문화 집단에 소속되었는지가 아니라 인간 그 자체에 좌우된다. 그러므로 여기서 기술하는 언어 획득 과정과 일반적인 접근은 영어를 학습하는 어떤 학생이든지 적용할 수 있을 것이다.

영어 학습자란 누구인가?

교육에 경험이 있는 독자라면 아마 특정 집단을 언급할 때 일반적으로 사회에서 사용하는 꼬리표가 학생들에게 미치는 영향을 인식하고 시간적으로 변화하는 꼬리표에 관해 주목한다. 모국어가 영어가 아닌 학생의 경우에 초창기 꼬리표는 제한적인 영어 유창성(Limited English Proficient)이었다. 이 꼬리표는 학생이 할 수 있는 것보다 할 수 없는 것에 초점을 두는 "결손" 관점에 기반을 두기 때문에 더 이상 사용하지 않는다. 보다 일반적으로, 이 꼬리표는 영어가 항상 학생이 배울 다른 언어보다 중요하다는 점을 제안하는 것이다.

영어가 제2언어(English as a Second Language, ESL)라는 것과 화자에게 영어가 다른 언어(English to Speakers of Other Languages, ESOL)라는 꼬리표는 여전히 사용되고 있지만, 이상의 프로그램에 참여하는 학생을 지칭하기보다는 오히려 특정 유형의 프로그램 혹은 교육적 접근을 기술하기 위해 이 꼬리표를 사용하고 있다. 마찬가지로, 이중언어 교육 또한 이중언어 프로그램을 받는 학생의 특징

보다는 특정 프로그램 유형을 기술한다. 현재 가장 널리 사용하고 있는 꼬리표는 영어 학습자(English Language Learner, ELL)이다. 이 용어는 기술적이지만, 이 용어가 기술하는 학생에 대한 가치 판단을 의미하지는 않는다. 또한 영어가 사실 학생이 학습하는 세 번째 혹은 네 번째 언어가 될 수 있다는 점에서 영어가 학생의 두 번째 언어라는 가정을 하지 않으므로, ELL이 ESL보다 허용 범위가 더 넓다.

미국 내 대부분의 ELL 학생들은 가정에서 스페인 어나 베트남 어를 사용한다. 이 학생들은 대개 미국에 이주한 첫 번째 세대이지만, 대부분 일반적으로 이주한 부모를 둔 미국 태생이다(Klein, Burgarin, Beltranena, & McArthur, 2004). 미국 서남부나 캘리포니아 대부분의 지역처럼 어떤 지역에 있는 가족들은 여러 세대에 걸쳐 미국에 거주하고 있지만 집에서 영어를 사용하지 않는다. 또한 미국계 인디언 학생들도 이에 해당될 수 있다. ELL 학생의 수는 최근 극적으로 증가하고 있어 이들 학생의 교육적 요구를 충족하는 데 관심이 증대하고 있다.

전문가, 망명자의 부모 혹은 미국에서 대학원 과정을 듣고 있는 학생들도 영어 학습자가 될 수 있다. 현재 미국에서는 하이티 클리올 언어, 베트남 흐몽어 및 세계 전역의 언어를 가정에서 사용하고 있다. 따라서 다양한 학생들이 각 학교와 학습에 참여하게 될 것이다. 다양한 학생과 성공적으로 활동하려면 바로 비슷한 연령의 다른 학생들이 함께 공유하는 특징과 개별성을 모두 인식해야 한다.

학급 내 언어와 문화

영어 영재 학습자를 찾아내거나 영어 영재 학습자의 요구를 충족시키는 방법에 대해 논의하기 전에, 이상의 새로운 정보가 있는 맥락을 살펴보는 것이 도움이 된다. 언어와 문화를 간단히 살펴봄으로써 독자들은 주요 문제에 있어 합의된 이해에 도달할 수 있다.

언어란 무엇인가?

언어는 꿀벌의 언어부터 ASCII 언어(컴퓨터 코드), 심지어 〈스타트렉〉의 클리온 언어까지 여러 다양한 방식으로 사용된다. 여러 언어들의 공통점은 의사소통 개념, 즉 언어가 의사소통이라는 공유의 시스템이라는 것이다.

언어는 말과 동일한 것이 아니다. 말은 소리를 만들지만 언어는 소리로 의미를 전달한다. 미국 수화는 체계가 잘 잡힌 의사소통 시스템으로, 언어가 심지어 소리 없이도 존재할 수 있음을 보여 준다. 언어는 상징을 통해서 의미를 전달하며, 상징은 종종 나타내는 것과 분명한 관련성이 없을 때도 있다. 따라서 문화적으로 수용하는 의미를 지닌 상징에 대해 사용자 집단이 서로 공유하고 있어야 하는 것이 바로 언어이다.

인간의 언어를 독특하게 만드는 또 다른 속성은 일차적으로 학습자의 행동이다. 이 말은 영아가 실제 노출되는 어떤 언어든지 완벽하게 학습할 수 있다는 것을 뜻한다. 언어는 학습되기 때문에 또한 융통적이다. 필요할 때 새로운 단어를 개발하거나 예전의 단어가 새로운 의미를 갖도록 수정할 수 있다. 현재 우리가 매일 사용하는 대부분의 단어는 10, 20년 혹은 50년 전에는 있지도 않았다. 융통성은 언어 학습 과정, 특히 학업적 영재에게 중요한 요인으로(Aguirre, 2003), 이에 대해서는 나중에 설명할 것이다.

언어 대 방언

인류 역사 과정상 사용하던 언어는 엄청나게 많이 있었다. 어떻게 세느냐에 따라 다르지만 현재 5,000~7,000개 정도의 언어가 사용되고 있다. 수천이 아니라면 수백 개의 언어는 위험에 처해 있다. 한두 세대 내에 구세대 사용자들이 죽고 신세대가 그들의 전통 언어를 더 이상 사용하지 않게 되면서 많은 언어들이 소멸될 것이다(Gibbs, 2002; Skutnabb-Kangas, 2000).

언어와 방언 개념 사이에는 얼마간 중첩되는 점이 있다. 전통적인 구분에 의하면, 만일 두 명의 화자가 서로 이해할 수 있다면 이 사람들은 상이한 언어가 아니라 오히려 방언을 말하고 있는 것이다. 이러한 정의를 또 다른 방법으로 진술하면 방언이 서로 이해할 수 있는 상이한 언어라는 것이다. 예를 들어, 미국식과 영국식 영어 혹은 텍사스에서 사용하는 영어와 보스턴에서 사용하는 영어 버전을 방언이라고 생각할 수 있다. 그러나 스페인 북동부에서 사용하는 언어와 스페인 어는 어떤 면에서 꽤 유사하지만 별개의 언어로 생각한다. 중국에서는 여러 언어를 다르게 말하고 있어 대부분 이해할 수 없지만, 공통적인 문어로 서로 연결되므로 대개는 이들 언어를 방언이라고 생각한다.

널리 인용되고 있다고 해도 그 근원이 불확실한 약간 별난 정의를 사용하여, "언어란 군대를 지닌 방언"이라고 풍자한다. 이 정의는, 대부분의 지역에서 서로 언어를 이해한다고 하더라도 네덜란드 어와 노르웨이 어를 별개의 언어로 간주하는 이유를 설명할 때 볼 수 있다. 따라서 어느 정도 중첩이 있더라도 서로 다른 방언들은 일반적으로 다른 언어라고 보기보다는 서로 유사한 것이다.

방언은 학습 상황에 있어 실제적인 시사점을 갖는다. 언어의 경우 상황에 따라 특정 방언을 말하는 사람의 높거나 낮은 평판을 전달할 수 있다. 학급 상황에서 교사는 자신이 사용하는 언어를 쓰는 학생들을 선호하는 경향이 있어, 미국에서는 대개(항상 그런 것은 아니지만) 미국식 영어를 표준으로 생각한다.

방언적 차이가 가진 중요한 시사점은 귀로 들을 수 있는 지표를 제공하여 교사들로 하여금 비교적 덜 눈에 띄는 문화적 차이 및 기타 가능성에 민감하게 한다는 점이다. 다시 말해서, 미묘한 방언적 차이를 통해서 학생들의 학급 행동에 영향을 미치는 문화적 차이에 민감해지도록 돕는다는 것이다. 이상의 가능성으로 간단히 문화를 생각해 보았다.

문화란 무엇인가? 누구의 문화가 가치로운가?

앞서 언급하였듯이, 언어는 사용자 집단에서 공유하는 것으로, 서로 공유하는 맥락에서 그 언어를 사용하기 때문에 특정 언어적 상징에 의미를 부여하게 된다. 언어는 문화의 한 부분을 형성한다. 문화는 인류학과 언어학 관점에서 한 집단 내 서로 공유하는 일련의 재생산되는 의미와 행동으로 꽤 폭넓게 정의할 수 있다. 얼마간 의견의 불일치가 남을 수 있으나, 이 광의의 정의를 통해 학급 상호작용에 대한 기본적인 이해를 충분히 얻을 수 있다.

인종과 민족은 경제적 지위나 언어보다는 눈에 잘 띄므로 이를 통해서 사람들이 어떤 집단을 형성하는지 쉽게 알 수 있다. 따라서 언어와 문화의 차이가 인종적 혹은 민족적 계열을 따라 나타나는 경향이 있다. 인간은 유사한 속성을 공유하는 사람 혹은 사물을 범주화하여 고정관념을 형성한다. 이 능력이 없으면 사람들이 당혹스러워할 것이기 때문에, 이 능력은 여러 이유 때문에 존재하게 된다. 그러나 이상의 경향성이 갖는 결점은 거의 즉각적으로 다른 사람을 무리 짓고 판단하기 쉽지만 항상 정확한 것은 아니라는 점이다.

무의식적으로 발생하는 고정관념으로 인해 비주류에 속하는 학생들이 영재 프로그램 및 기타 학업적으로 상급반에 편성되지 않을 수도 있다. Aguirre(2003)는 학생의 학업적 능력이 이상의 방식처럼 어떻게 잘못 지각되는지 보여 주는 예들을 제시한다. Aguirre에 의하면, 주류 문화(mainstream culture)는 "협동, 독립성과 주도성"에 가치를 부여한다(p. 19). 다른 문화에 속한 학생들은 종종 한두 가지 영역에서 상이한 가치를 가지고 있어 이러한 차이가 학급 내에서 학생들의 성취를 방해할 수 있다.

학급 내 다문화주의(Multiculturalism)

교사는 대부분 백인 여성이며 중산층에 속한다. 대부분의 학급 상황에서 최소한 이와 같은 교사와 상호작용하는 학생 중에는 백인이 아닌 경우도 있다. 언어적 · 문화적 차이로 인해 형성된 고정관념이 미치는 잠재적 부작용이 있으므로, 교사들은 학생 모두를 동등하게 대하고 있다고 확신을 갖기 위해서 자신의 지각에 대해 인식하고 사고 과정을 관리해야 한다. 다문화주의는 이상의 노력을 경주하기 위한 이론적 참조틀을 제공한다.

우리 사회에서 다른 집단이 차지하는 상대적인 사회적 지위를 고려하기 위해 여러 이론들이 개발되고 있다(Howard, 1999). 지속적으로 이론을 분석하였을 때, 집단 구성원이 의식적으로 인식하든지 그렇지 않든지 간에 지배적인 사회 집단(미국 내 다수인 백인)이 특권을 갖는다(Noel, 2000). 또한 인류학적 · 교육적 · 심리학적 연구들이 그렇지 않다는 점을 보여 주고 있으나, 미국 내 백인들은 자신들이 문화를 가지고 있지 않다고 생각하는 경향이 있다(Howard,

1999; Noel, 2000). 여러 연구에서 학급에서 이뤄지는 교수 지도를 살펴보고, 개인적으로 관찰한 바에 설명을 제시했음에도 불구하고, 백인 자신의 문화적 배경에서 한 발자국 뒤로 물러나서 이에 대해 조사해 보는 것은 꽤 어렵다(Banks, 1995; Ford & Harris, 1999; Ford, Moore, & Milner, 2005; Gay, 2000; Howard, 1999; Noel, 2000; Torrance, Goff, & Satterfield, 1998).

Banks(1995)는 효과적인 다문화 교육 프로그램이 갖춰야 할 여러 주요 특징에 대해 제안하였다. 학급 수준에서 다문화 교육 프로그램은 여러 집단에 속한 사람들에 대한 고정관념을 반영하지 않는 예를 교수법에 포함하여, 학생들로 하여금 다른 집단에 대해 긍정적인 태도와 행동을 개발하도록 돕고, 의식적으로 여러 상이한 사회적 계층에 속한 학생들뿐 아니라 모든 문화와 인종 집단에 속한 학생들에게 동등한 교육적 기회를 제공하는 교수 책략을 조사하고 수정하는 것 등이 특징이다. 학교 수준에서 학교 문화 내 환경은 다양한 집단의 학생들에게 동등한 지위를 제공해야 한다. 두 가지 언어에 동등한 지위를 부여하려는 노력은 특히 이중언어 학교 프로그램 맥락에서 볼 수 있다.

이상의 제안점들은 긍정적인 것으로 들리지만 실제로 달성하기가 어렵다. 개인 및 전문성 개발에 대한 지속적인 노력이 필요하며, 이러한 노력을 유지하는 것은 매우 힘들다. 다행히도 교사들은 자신의 일에 매우 헌신적이고, 이상의 노력에 동참하려는 교육자의 수가 증가하고 있다.

어떻게 지금 처리하고 있는 문장이 매우 우수한 학생들의 교육적 요구에 관련이 있는가? 여러 연관성이 있다. Aguirre(2003)는 학생의 가정에서 사용하는 언어와 문화에 가치를 부여하는 것이 중요하다고 하였다. Aguirre는 다른 언어를 사용하는 영재는 "달라서 지배적인 문화에서 가치를 부여하는 영재성 측면을 이해하기도 전에 문화적으로 적응할 것"(p. 18)이라는 신념처럼, 이들에 대한 잘못된 생각이 팽배하다고 언급하였다. 다문화적 문제를 개인적으로 이해하는 교사는 이 말의 오류를 인식하고, 비주류에 속하는 학생들이 유사한 이해에 도달하도록 도움을 줄 수 있을 것이다.

어떤 사람들은 다문화 교육의 가치와 영재교육의 가치 사이에 긴장이 있다고 말할지도 모른다. 결국 이러한 사람은 "한 집단에게 여분의 기회를 주면 어떻게 모든 학생들에게 동일한 기회를 제공할 수 있는가?"라고 주장한다. 언젠가 독자들도 이런 주장을 접하게 되어 어떻게 반응해야 할지 당황해할 수도 있다. VanTassel-Baska(2003)의 주장처럼, 이상의 관점은 다른 문화와 수행 영역에서 나타나는 다양성을 비교할 때 지적 다양성을 과소평가하는 것이다. 대부분의 학교들은 모든 학생을 야구 팀에 넣으려고 하거나 학교 밴드에서 솔로로 연주할 학생을 무작위로 선정하지 않는다. 오히려 학생들은 자신의 능력을 보여 주고 필요할 때 특별한 지도를 제공받는다. VanTassel-Baska가 언급하였듯이, "만일 다양성을 증진하는 데 진중하려면, 모든 유형의 개인 차이에 대해 지원하는 것을 예외로 취급한다고 제외하는 것이 아니라 학교 및 학급에서 일종의 규준으로 삼아야 한다."(p. 2)

언어 획득

"어떤 언어를 안다"라고 말할 때 무엇을 의미하는가? 아마 사람들은 이 질문에 어떻게 대답해야 할지 직관적으로 생각하며, 공통적으로 의사소통할 수 있는 능력과 관련이 있다고 대답할 것이다. 의사소통은 정말 언어의 핵심이지만, 이 말은 "짠 물은 바다"라고 하는 것과 같다. 이에 여기서 말하는 언어와 바다에 대해 보다 기술할 필요가 있다. 다른 영어를 말하는 학생들과 활동하는 교사들은 언어 학습에 대해 어느 정도의 배경 정보를 알고자 할 것이다. 다음은 언어 학습에 대해 일반적으로 가지고 있는 오개념을 소개할 것이고, 그 다음으로 제1·2언어의 학습을 살펴볼 것이다.

언어 학습에 대한 일반적인 오개념

이 분야의 연구에 익숙하지 않은 사람들은 교육적 결정을 부적절하게 이끌어 낼 수 있는 언어 학습에 대한 많은 오개념을 대개 가지고 있다. 다음은 이 분야에서 볼 수 있는 여러 일반적인 오개념으로, 일차적으로 Baker(2000, 2001)의 연구에서 발췌한 것이다.

- 제2언어 학습은 모국어 발달을 방해한다.

  거짓: 뇌에는 2~3개 언어를 위한 충분한 여지가 있다. 부가적인 언어를 설정하고 모국어를 방해하기보다는 어휘력을 확대함으로써 아동의 모국어에 통합된다.

- 미국에서는 주요 언어가 영어이므로 학생들은 영어만 학습해야 한다.

  거짓: 머리는 한 가지 완벽한 언어로 채워지지 않는다. 오히려 여러 언어에서 개발된 기술들이 영어 학습에 도움을 줄 수 있다. 학생들의 언어적 전통을 보존하는 기회를 부정한다면 가족, 친구들과의 관계를 방해하고 학업 성취를 낮추는 등 정체감의 손실을 초래할 수도 있다. 고용주들은 한 개 이상의 언어를 사용하여 효과적으로 의사소통할 수 있는 사람을 찾으므로, 이중언어주의(bilingualism)를 고수하는 것은 실제 학생의 진로 관점을 향상시킬 수 있다.

- 언어를 혼용하는 것은 그 언어에서 유능성이 부족하다는 것을 보여 주는 것이다.

  거짓: 문법 규칙에 따라 언어를 혼용하는 것을 코드 스위칭(code switching)이라고 하며, 부수적인 의미를 전달하고자 의도적으로 의사소통 책략을 사용하는 것이다. 언어장애와 관련된 드문 경우를 제외하고, 코드 스위칭은 두 개 이상의 언어를

사용하는 사람들의 정상적인 특징이다.

- 여러 사람 앞에서 다른 언어를 말하는 아이를 놀리기도 한다.

  참: 그러나 대개 이런 행동을 보이는 사람은 단 한 개의 언어만을 말하며, 이처럼 놀리는 행동은 주류화 사회에서 소수 민족 사람들이 환영받지 못한다고 느끼게 하는 여러 방식 중 하나에 지나지 않는다(Howard, 1999; Noel, 2000). 이로 인해 이중언어를 포기하는 것은 충분한 이유가 못 된다. 아동의 능력에 따라 자존감을 세워 주어 편견을 가진 사람들에게 효과적으로 대처하도록 도움을 주는 것이 중요하다.

- 아이들은 다른 언어를 배우기 전에 영어로 읽는 것을 배워야 한다.

  상황에 따라: 어떤 아이들은 자발적으로 두 개 언어를 배우지만, 일반적으로 아이들은 다른 것을 배우기에 앞서 한 가지 언어로 읽는 것을 배운다. 아이들은 우선 자신에게 보다 강렬한 언어로 읽는 것을 배워야 한다. 그다음 아이들의 읽고 쓸 줄 아는 기술은 쉽게 보다 덜 강렬한 언어로 전이될 것이며 그 과정도 더 빠를 것이다.

- 어릴 적에 제2언어를 잘 학습할 수 있다.

  대부분 참: 아이들은 7세 이전에 학습할 때 보다 쉽게 제2언어로 자연스럽게 발음을 한다. 7~12세경의 제2언어 학습 혹은 획득은 이때 학교 교육과정에서 요구하는 인지적 사항이 증가하기 때문에 보다 어려워진다. 13세경에 대부분의 학교들은 처음으로 외국어반을 제공하게 되는데, 이때쯤이면 학생들이 원어민

만큼 새로운 언어에 능숙해지기란 상당히 어렵다. 그러므로 학교에서 어릴 적부터 학생들의 이중언어 능력을 지원해 주는 것이 중요하다.

- 영어 학습자와 효과적으로 활동하기 위해서 교사는 아이들이 집에서 사용하는 언어를 말해야 한다.

  거짓: 영어 학습자와 함께 활동하는 교사가 영어 외에 다른 언어를 배운다면 도움이 될 것이다. 왜냐하면 학생들이 영어를 배울 때 경험한 것을 영어가 아닌 그 학생의 언어로 강조할 수 있기 때문이다. 다른 언어에 대한 지식은 또한 언어 획득 과정, 영어와 다른 언어 사이의 구조 및 문법적 차이 그리고 언어 학습 과정의 복잡성을 더 잘 인식하는 데 도움을 준다. 부모와 의사소통하는 데도 역시 도움이 될 수 있다. 그렇지만 미국 학교 내 학생들이 사용하는 언어는 너무 상이하고 다양하여 심지어 가장 유능한 교직원조차도 이렇듯 많은 언어를 잘 알고 있기는 힘들다. 또한 교사가 말하고 알아듣지 못하는 제2언어로 말을 하는 학생들에게 더 도움을 제공하는 것으로 비춰진다면 부당하다고 인식할 수도 있다. 그러므로 교사가 아이들이 집에서 사용하는 언어를 알고 있다면 확실히 도움이 될 수 있지만, 반드시 그래야 하는 것은 아니다.

모국어 학습

모든 아이들은 환경에서 듣는 언어를 거의 자동적으로 학습한다. 언어가 아무리 어려워 보이거나, 소리가 어떻고, 말할 필요가 어떻든 문제가 되지 않는다. 아이들이 어떻게든지 언어를 배울 것이라면 왜 언어를 가르쳐야 하는지 궁금해할 것이다. 대답은 문어가 구어에 따라 좌우되며, 문어와 구어 모두 학교에서 성공적으로 지내는 데 중요하기 때문이다. 학업적 언어는 사회적 언어 외 부수적인 요소를 포함하며, 사회적 언어에 비해 아이들에게 지도해 주어야 할 더 큰 부분이다(Baker & Hornberger, 2001; Cummins, 1999).

여러 수준으로 언어를 분류하면, 크고 복잡한 주제를 연구하기가 좀 더 쉽다. 이들 수준은 다음의 다섯 가지 구성요소를 포함한다.

1. 음운론(phonology)—형태소와 단어 같은 보다 큰 단위를 형성하기 위해 소리가 함께 구성되는 방식
2. 형태론(morphology)—단어를 구성하는 의미 있는 부분 혹은 단위
3. 통사론(syntax)—문장을 이루기 위해 단어가 구성되는 방식
4. 의미론(semantics)—단어의 의미에서 문장의 의미가 결정되는 방식과 문장이 결합되는 방식
5. 화법 구조(discourse structure)—문단처럼 문장이 보다 큰 의미 단위로 구성되는 방식

이상의 다섯 가지 수준을 사용하여 어느 인간의 언어든지 기술할 수 있고, 심지어 각 언어가 다섯 가지 수준에서 독특한 규칙, 소리와 의미를 나타낸다고 하더라도 서로 언어를 비교할 수 있다. 언어 획득은 매우 복잡한 현상이기 때문에 여기서는 이상의 주제를 대략적으로 살펴볼 것이다. 보다 심도 있는 연구를 위해서는 다른 저서를

참고하기 바란다(Baker, 2000, 2001; Gonzalez, 1999; Lessow-Hurley, 2003; Piper, 2003; Tokuhama-Espinosa, 2001; Valdés, 2003).

생의 첫해 동안 아동들은 언어를 인식하게 되고 이에 반응하지만, 스스로 언어를 생산해 낼 수는 없다. 일반적인 아동들은 두 살이 되어야 의도적으로 단어와 몸짓으로 의사소통을 시작하고 자신이 표상하는 대상과 단어를 연계할 수 있다. 갓난아기는 옹알이에서 한 단어, 그러고 나서 두 단어 중얼거리는 것으로 옮아간다. 일단 몇 개에서 수십 개의 단어를 학습하게 되면 아동의 어휘는 급속히 증가하게 되고 문장이 점점 길어지고 복잡해진다. 네 살이 되면 일반적으로 아동들은 질문하기, 명령하기와 부정하기를 포함하여 여러 다양한 목적으로 잘 짜인 문장을 만들어 낼 수 있다. 이상의 것들은 한 개 언어를 사용하는 아동들을 관찰하였을 경우이다. 태어나면서부터 이중언어 환경에서 성장한 아동들은 약간 늦게 이와 같은 양상에 도달하지만, 거의 대개는 다섯 살경이면 한 개 언어를 사용하는 아동을 따라잡는다.

아동들은 5~6세가 되면 일반적으로 모국어의 통사론과 음운론의 대부분을 마스터하게 된다. 아동에 따라 그리고 어떻게 단어를 세느냐에 따라 약 2,500~8,000개 정도의 단어를 알고, 말할 수 있는 것보다 많은 단어를 이해할 수 있다. 어휘력을 보다 확대하고, 의미와 높낮이의 미묘함을 마스터하고, 관련된 글을 읽고 쓰는 기술을 발달시키는 데 수십 년이 걸린다. 이상의 기술이 발달하는 속도와 정도는 부분적으로는 집과 학교에서 아동이 받는 교육에 의해 좌우된다.

제2언어 학습

특히 미국이 교육에서 지도적 역할을 한다고 생각하는 사람들은 믿기 어렵겠지만, 세계 어디든지 대부분의 아동들은 학업을 마치기 전에 한 개 이상의 언어를 배운다(Piper, 2003). 즉, 미국 내 대부분의 학생이 이중언어주의와 이중언어 교육에 대한 반대를 경험하는 것은 아니다(Dicker, 2000). 말하자면 이러한 반대는 여행 및 사업 목적으로 외국어를 배우는 학생을 대상으로 하는 주류화 프로그램에 초점을 맞추는 것이 아니라 단지 이민자들을 지도하는 프로그램만을 공격하고 있다. 아무리 과장을 해도, 이 조직들은 그처럼 이중언어주의에 반대하는 것이 아니라 오히려 얄팍하게 가장한 수단을 통해 적절한 교육을 받아야 하는 이민자 학생들의 권리를 공격한다(Dicker, 2000).

제2언어 학습은 여러 방식에서 모국어 학습 과정과 유사하다. 그러나 보다 많은 변수가 있어 제2언어 학습은 더 복잡하다. 제2언어 학습자는 다양한 환경 및 사회적 조건하에서 어느 연령이든지 모국어와 유사한 언어 혹은 다른 언어를 학습할 수 있으며, 제2언어를 배울 수 있다. 환경은 그러나 언어 학습이 발생하는 속도와 정도에 큰 영향을 미칠 수 있다.

미국에서 살고 있는 학령기 아동과 영어를 제2언어로 학습하는 아동으로 한정함으로써 이상의 변수를 약간 좁힐 수 있다. 이와 같이 한정해서 적용하여 영어 학습자를 세 개 범주로 나눌 수 있다.

- 학교에서 영어 학습만을 하는 아동

- 영어를 배우거나 집에서 영어를 배우고 있는 이중언어 아동
- 최근에 미국 학교에 온 보다 나이 든 학생

첫 번째 집단은 이민을 오거나 이민 온 부모에게서 태어난 어린 아동으로 구성되며, 학교에서 영어를 배우고 있지만 집에서 꼭 영어를 배우는 것은 아니다. 이 아동들은 영어에 대한 지식이 거의 혹은 전혀 없이 학교에 오거나 친구 혹은 언어 매체를 통해서 영어를 배우기 시작할지 모른다. 부모 모두 영어로 말을 하거나 다른 언어를 집에서 사용할 수 있어, 영어가 사실 아동의 제3언어가 될 수도 있다. 특히 집에서 영어를 사용하는 아동과 비교할 때 초기 몇 년 동안 이 집단 내 아동의 언어 발달을 위해서는 잘 조직된 많은 지원이 필요할 것이다. 이 아동들을 조사한 이전 학교 기록이 없으므로 높은 수준의 능력을 이 집단에서 찾아보기는 어렵다. 그러므로 교사 관찰과 부모 혹은 또래 지명이 학교에서 영어를 배우기 시작하는 학생들의 높은 잠재력을 진단하는 가장 효과적인 방법일 것이다.

다른 언어와 함께 집에서 영어를 배웠거나 배우고 있는 어린 이중언어 아동들이 두 번째 집단을 구성한다. 교사와 다른 어른들은 종종 이중언어주의가 영어 기술 발달에 해로울 수 있다고 우려를 표현하기도 하지만, 이와 같은 문제는 보고되지 않았다(Baker, 2000). 뇌가 어떤 단일언어의 하위 부분들을 처리하는 것처럼 보이지만, 태어나면서부터 이중언어로 자란 아동들은 두 개의 코드를 자발적으로 학습한다. 이중언어주의처럼 한 개 이상의 언어에서 상대적으로 유창성을 보이는 아동이 보다 많은 인지적 융통성을 이끌어 낼 수 있다는 증거가 있다(Bialystok, 1991; Martorell, 2000; Matthews,

2002b). 이 집단 내 아동의 높은 능력 수준을 진단할 때 창의적 능력 검사 혹은 어휘검사를 사용할 수 있다. 첫 번째 집단의 학생처럼 두 번째 집단 학생들도 각 언어에서 강점과 약점 패턴을 발전시킬 수 있으므로, 어느 언어로든지 대답을 얻어 내기 위해서는 이와 같은 검사를 개발해야 한다. 예를 들어 2학년인 이중언어 학생을 대상으로 실시한 연구에 의하면, 영어로 알고 있다고 해도 모국어로 기하학적 형태를 말하지 못하는 것으로 나타났다(Matthews, 2002a). 교사들은 이러한 차이에 민감해야 하며, 어떤 과목에서 높거나 낮은 영어 수행이 다른 영역의 언어적 수행을 예측할 것이라고 가정하지 말아야 한다.

최근에 보다 나이 들어 이민 온 아동들은 다른 양상을 나타낸다. 보다 나이가 들어 이민 온 아동들은 언어적 문제 외에, 그 연령 또래보다 미국에서 형식적인 교육을 더 많이 받았을 수도 있고 더 적게 받았을 수도 있다. 심지어 보다 나이가 들어 이민 온 학생들은 미국 또래들과 비교해서 개념을 다른 순서로 배웠거나 배운 개념이 다른 것을 강조하고 있을지도 모른다. 교사에게 있어 이상의 학생들을 진단하고 적절하게 지도하라고 규정하기란 학생 편차로 인해 어려울 수 있다. 민족마다 낙제율이 다양하고, 예외적으로 높은 성취를 보이는 일부 학생들도 있지만(Schmid, 2001), 교육적 이유 외에도 경제적인 이유 때문에 이 학생들의 낙제율이 높게 나타나고 있다. 사실은 보기와 다를 수 있지만, 1세대 이민자들은 그 이후 세대에 비해 보다 높은 학업적 성취를 보이는 경향이 있다(Valenzuela, 1999).

모국에서 수학을 잘하던 아동들도 언어로 수학 시험을 치르게 되면 정확하게 이 아동의 실제 수학 능력을 측정하지 못할지도 모른다. 또래와 비교해서 다소 빠르게 혹은 깊게 영어를 획득하는 것으로 보이더라도, 높은 수준의 언어 능력도 시험을 통해서 진단하기 어려울 수 있다. 상급 수준의 차별화된 외국어 지도를 위해 집에서 일상적으로 사용하는 언어로 집단을 편성하는 전통 언어 교수 지도(heritage language instruction)는 이와 같은 상황에 처해 있는 언어 학습자와 영재를 판별하는 바람직한 접근법 중 하나라고 할 수 있다(Matthews & Matthews, 2004).

영어 영재 학습자 찾기

초기에 영어 학습자에게 영재교육을 제공할 때 가장 어려운 점은 영재교육에서 학생들이 받을 이점을 결정하는 것이다. 어떤 경우에 영재교육 프로그램의 속성(예: 일반 교육과정 내에서 속진을 제공하는 프로그램)이 판별된 학생에게 제공할 서비스 유형을 결정한다. 수학에서 영재성을 보이는 학생들과 수학 검사에서 높은 수행으로 인해 판별된 학생들이 영어 혹은 사회 영역에 배정되는 일이 분명히 없어야 하지만 실제로는 이러한 일들이 벌어지고 있다. 학교는 판별 과정과 판별된 학생들이 받을 서비스 간에 상호 필적하도록 확실시해야 한다(Granada, 2003).

어떤 특정 교사에 의해 학교 프로그램이 좌우되는지 고려해야 하며, 만약 그렇다면 이 교사가 예기치 않게 다른 곳으로 갈 경우 빚어질 문제가 무엇인지 생각해 봐야 한다. 이상적으로 영재 프로그램은 담당 교사와 상관없이 지속되어야 하지만, 실제 성공적으로 영재 프로그램을 운영하기 위해 요청되는 훈련과 기술은 항상 대체할 수 있는 것이 아니다. 매년 영재교육과정이 있으나 대부분의 영재 프로그램들은 이상의 자료를 활용하지 못한다. 대부분 영재교육 프로그램은 꽤 적어 학교 내 단 한 명의 교사가 여러 명의 영재들과 활동을 한다. 학교는 일반적으로 영재들이 교사 및 학교의 특별한 도움 없이 잘 해낼 것이라는 잘못된 신념을 가지고 있어 예산을 들여 자료를 구매하려고 하지 않는다(Aguirre, 2003).

마지막으로, 영재교육 규정들은 주마다 매우 다양하여 일반적으로 언급하기가 어렵다. 현재, 대부분의 규정들은 지능검사 점수 및 창의성, 동기, 리더십 혹은 성취에 관한 사항을 포함하여 여러 기준에 준한다. 주의 규칙과 규정을 알고 있으면 다음 부분에서 정보를 효과적으로 사용할 지침을 마련한다.

학교 및 주 수준의 영재 프로그램 교사 혹은 코디네이터로부터 좋은 정보를 얻을 수 있으며, 대부분의 주 교육부와 영재교육협회 또한 웹사이트를 통해서 관련 법규를 기술해 놓고 있다. 그리고 http://www.geniusdenied.com/statepolicy.aspx 온라인상에 주의 영재교육 정책에 관한 최신의 목록들이 수록되어 있다. 다음 섹션을 읽기 전이나 후에 이상의 자료에 대해 간략히 살펴보고, 이 정보의 어떤 면이 상황에 가장 적절한지 결정해야 한다.

일반적인 원칙

지능(또는 적성, 잠재력)검사나 성취(지식 및 지식을 문제 해결에 적용하는 능력)검사든지 영어 영재 학습자를 판별할 때 몇 가지 중요한 결점을 지닌다. 첫째, 영어로 영어 학습자를 검사할 때 검사 결과 점수가 얼마나 영어 유창성을 반영하는지, 검사가 측정하고자 하는 실제 능력 혹은 지식을 어느 정도 반영하는지 확신할 수 없다는 것이다. 교사는 인식을 하고 있지만, 스와힐리(Swahili) 어로 IQ 검사를 치러서 얻은 점수가 지능을 얼마나 반영할 것인가?

둘째, 영어 학습자들은 대개 소수 민족에 속하는 학생들로 낮은 사회경제적 지위를 가지고 있다. 민족과 경제적 지위가 거의 모든 아동용 지필식 검사의 집단 수준에서 검사 점수와 상관이 있음은 잘 알려져 있다. 대개 이 집단에 속한 아동은 0.5~2 표준편차 정도 점수가 낮다. 한편 영재 프로그램을 받으려면 대개 평균보다 2 표준편차 정도 높게 점수를 받아야 한다. 다시 말해서 지능검사를 15~16점의 표준편차, 평균을 100점으로 척도화한다고 할 때, 검사 척도상 8점과 30점 정도의 평균 차이를 바로 아동이 어느 민족 집단에 속해 있는지를 가지고 설명한다는 의미이다. 전형적으로 아시아계 학생들의 IQ 점수는 평균인 100점보다 상회한다. 히스패닉과 흑인 학생의 평균 점수는 백인 학생의 점수보다 낮다. 이상의 차이는 심지어 모두 한쪽에 편중된 것으로 보이는 검사 문제를 제거하거나 수정하였을 때도 남아 있어 지속되는 것으로 보인다. 이와 같은 차이의 원인은 열띤 논쟁의 주제로 남아 있기는 하지만, 이러한 차이가 있다는 사실은 여전하다(Freedle, 2002; Lohman, 2005a; Naglieri & Ford, 2005; Sternberg, Grigorenko, & Bundy, 2001). 여러 대안적인 접근법을 적용하여 다양한 영재를 판별함으로써, 이러한 표준화된 검사의 편파성을 피하고자 노력을 기울이고 있다.

다양한 배경을 가진 영재학생 판별에 권위를 가진 Mary Frasier 박사(1989)는 이들을 판별하는 가장 좋은 실제를 다음과 같이 제시한다.

- 학생을 제외하기보다는 포함하려는 데 목적을 두어야 한다.
- 여러 자원을 통해서 자료를 수집해야 한다. 한 가지 영재성 기준을 피해야 한다.
- 객관적인 자료와 주관적인 자료를 모두 수합해야 한다.
- 여러 영역을 대표하는 전문가와 비전문가 및 영재성 행동 지표에 대해 잘 알고 있는 사람들을 포함해야 한다.
- 영재 판별은 가능한 조기에 실시해야 하며, 여러 단계로 구성하고 계속 진행해야 한다.
- 영재 행동 지표를 보이는 상이한 문화적 배경을 지닌 학생에게 다양한 방식으로 특별한 관심을 기울여야 한다.
- 학생에 대한 모든 관련 자료를 살펴볼 때까지 의사결정을 유보해야 한다.
- 판별 과정 동안 수합한 자료는 교육과정을 결정할 때 활용해야 한다(p. 214).

이와 같은 제안 사항들을 통해서 영어 학습자 영재를 효과적으로 판별하는 프로그램이 갖추어야 할 일반적인 특징에 대해 살펴보았다.

언어 배경

영재 판별 과정 초기에 학생의 언어적 배경에 대해 가능한 한 많이 알고 있어야 함을 조언하는 바이다. 이는 평가 과정에서 사용할 언어가 무엇인지 결정하는 데 도움이 된다. 아무 근거 없는 가정을 내리지 않는다. 학교에서 실제 한 가지 언어만을 말하는 학생도 집에서는 다른 언어를 말할지도 모른다(Matthews, 2002a). 학생의 언어적 배경을 알게 되면 교사는 학생의 사회적 배경과 개인적인 역사에 대해서도 보다 상세한 이해를 얻게 될 것이며, 이를 통해서 가정과 학교의 강한 연대를 이끌어 낸다.

교사는 단지 학생이 말하는 언어에 대해 그리고 누구와 이 언어로 이야기를 하는지 질문할 수 있지만, 이상의 정보를 형식적으로 기록해 놓는 것이 보다 바람직하다. 이렇게 해 놓으면 나중에 이 과정을 반복하는 것이 보다 쉬울 뿐 아니라, 모든 학생들이 동등하게 대우를 받는지 보여 줄 때 도움이 된다. 부록 A는 2학년 멕시코계 미국인 학생을 대상으로 실시한 연구에서 개발한 언어 배경 설문지 예시이다. 보다 어린 학생을 위해서 교사는 연방의 지침하에 입학하는 학생에게 가정 언어 설문지를 실시하여 이를 활용할 수 있다. 일반적 및 체제 특수적인 가정 언어 설문지 양식을 온라인상에서 널리 이용할 수 있다. 예를 들어 http://www.helpforschools.com/ELLKBase/forms/HomeLanguageSurveys.shtml이 있다.

학생들이 알고 있는 언어로 직접 조사하는 검사 도구를 개발할 가능성도 있다. 어린 학생을 위한 도구는 각 언어로 대상을 지칭하는 것 등 낮은 수준의 과제를 포함해야 한다. 만약 모든 학생들이 집에서 사용하는 언어가 동일하다면, 그리고 이 언어를 교사 및 검사 실시자들이 유창하게 말할 수 있다면, 이 도구는 많이 잘 활용될 것이다. 부록 A에 제시한 대로 배경 설문지는 실시하기 쉽고 특정 언어의 영향을 덜 받는다.

교사 관찰

교사는 학생을 잘 알고, 학급 내 각 학생의 흥미와 능력 수준에 대해 잘 파악한다. 교사는 어떤 학생이 영재 프로그램에 참여하면 좋을지 가장 잘 알고 있지만, 관찰을 하기 전에 피하거나 언급해 두어야 할 몇 가지 잠재적인 함정이 있다. 특히, 영재교육에 훈련을 받지 않은 교사가 하는 지명은 어느 한쪽 유형에 주관적으로 편중되는 경향이 있다(Siegle, 2001). 교사는 성 고정관념에 맞지 않는 행동을 하거나 연령에 비해 특이한 관심을 가진 학생을 판별하는 경향이 있다. 반면에, 교사는 문화적으로 다양하거나 가난한 가정환경을 가진 학생을 판별하지 않는 경향이 있다. 이와 같은 편파로 인해 자동적으로 대부분 영어 학습자를 배제할 수 있다.

어떤 경우에 교사들은 학생들을 “영재”라고 하는 것이 빚어내는 결과에 대해 두려워할지도 모른다. 이상의 두려움은 교사들이 자신의 능력, 학생의 능력 혹은 영재 프로그램 교사의 능력에 대해 확신이 없을 때 생길 수 있다. 교사들은 또한 학생의 강점보다는 오히려 약점에 집중하는 경향이 있다. 만약 교사가 학급 내에서 학생들에게 적절한 도전을 주지 못한다면, 이미 학년 수준의 교육과정을 완전 학습한 학생의 경우라도 교사는 학생의 진정한 잠재성을 인식하지 못하기 때문에 이 학생을 판별하지 못할지도 모른다.

Aguirre(2003)는 언어적, 문화적으로 다양한 학생에게서 볼 수 있는 열여섯 가지 특징을 목록으로 제시하였다. 이 목록들은 어떤 면에서는 다음 섹션에서 기술할 평정척도의 특징과 유사하다. Aguirre의 목록에는 또한 문화, 언어적 차이와 관련된 농담과 재담을 이해하고 이를 반영하려는 노력, 자신의 본래 문화를 공유하려는 노력, 그리고 여러 문화적 맥락에서 효과적으로 기능하려는 융통성이 포함되어 있다. 이와 같은 유사한 목록을 살펴봄으로써 교사는 여러 다양한 영재성이 다양한 학생들에게서 표출될 수 있다는 것에 친숙해질 수 있다.

요약하건대, 만일 교사가 영재학생을 찾아내는 일차적인 방편이라고 한다면, 영재를 인식하는 데 있어 전문성 개발을 제안하는 바이다. 전문성 개발 훈련은 지역 수준의 현직 프로그램을 통해서, 지역 컨퍼런스 혹은 대학 관련 인사와의 공동 연구를 통해서 실시할 수 있다. 일부 학군에서는 또한 그 지역에서 교수 지도를 제공할 수 있는 사람을 직원으로 마련해 둘 수도 있다.

행동 체크리스트 혹은 평정척도

행동 체크리스트 혹은 평정척도는 교사 지명 과정의 오류를 최소화하기 위한 한 가지 방편이다. 대부분 기본적으로 이 척도들은 영재가 보여 주는 행동 특징을 목록으로 제시하며, 교사들은 학급 내에서 이상의 행동을 보이는 학생들을 파악한다. 연구에 의하면, 학급 출석부를 사용하거나 혹은 사용하지 않고서 특별한 특징을 보이는 학생을 지명해 보도록 교사에게 요청한다면 평정 점수에 기초하여 개별적으로 각 학생을 평정하도록 요청하는 것보다 덜 효과적이다 (Ashman & Vukelich, 1983).

불행히도 각 학생을 평정하는 것은 시간이 소요되는 과정이다.

평정척도 중에 가장 많이 활용하는 영재아 행동평정척도(Scales for Rating the Behavioral Characteristics of Superior Students, SRBCSS; Renzulli et al., 2002)는 끝까지 작성하는 데 학생마다 30분 정도가 소요된다. 긍정적인 면에서 SRBCSS의 가장 최근 판에는 정확하게 척도를 작성하는 데 도움을 주는 교사 훈련 연습이 포함되어 있다.

부수적으로, 행동 체크리스트와 평정척도를 부모 및 지역사회 구성원으로부터 행동 정보를 수합할 때 사용할 수도 있다. 교사가 평정척도를 작성할 때처럼, 유사한 주의 사항을 부모가 자녀에 대해 평정척도를 실시할 때 적용할 수 있다. 최근 개발한 척도인 행동 임상평가(Clinical Assessment of Behavior)에는 이상의 잠재적 문제에 솔직하게 응답하는지 점검하는 문항들이 포함되어 있다(Bracken & Brown, 2004). 여러 개의 유사한 질문들을 포함할 수 있어, 유사한 반응을 반응척도상에서 반대 위치에 놓을 수 있다. 예를 들어, "이 학생은 자신이 흥미로운 활동에 깊게 집중할 수 있다"라는 문항에 대해 "매우 그렇다"라고 반응을 하였다면, 동일한 학생에 대해 "이 학생은 자신이 흥미로운 활동을 할 때조차도 쉽게 산만해진다"라는 문항에는 "매우 그렇지 않다"라고 반응을 할 것이다. 유사한 행동에 대해 여러 문항을 병합해 놓음으로써, 일반적으로 미묘하지만 응답자의 반응이 내적으로 얼마나 일관성이 있는지 결정할 수 있다.

교사와 연구자들은 과거 30년 동안 여러 행동 체크리스트를 개발하였으나, 이 체크리스트에서 적절한 도구를 선택하는 데 어려움이 생길 수 있다. 도구 선택을 하는 한 가지 좋은 방법은 각 도구에 대한 연구를 참고하고 얻은 정보에 근거하여 결정을 내리는 것이다. 최근의 한 연구(Jarosewich, Pfeiffer, & Morris, 2002)에서는 이상의 정보에 대해 도움이 되는 자원을 제시하는 것도 있다. 여러 곳에서 받는 정보가 한 곳에서 받는 정보보다 나으며, 측정 도구를 작성하지 않은 사람이 실시한 연구가 특정 척도 및 체크리스트를 개발한 사람이 실시한 연구보다 신뢰성이 있어야 한다.

만약 부모 및 지역사회 구성원들이 평정척도를 작성하였다면 척도를 작성한 언어와도 관련이 있어야 한다. 부록 C는 멕시코계 스페인 어를 말하는 학생을 판별하는 가정 평정척도(Scales for Identifying Gifted Students Home Rating Scales, SIGS) 스페인 어 번역본이다(본 책에서는 스페인 어 대신 한국어 번역본을 수록함). 다른 언어와 마찬가지로 스페인 어도 방언이 다양하여, 번역을 효과적으로 하려면 스페인 어뿐 아니라 방언과도 일치하는지 고려해야 한다. 방언마다 주요 어휘 차이가 있으므로 스페인 어 자료의 경우에 특히 이러한 점이 중요하다. 스페인 어로 번역한 자료는 푸에르토리코 혹은 베네수엘라 어로 번역한 것과는 다를 수 있어 번역 자료 중 어떤 것도 멕시코 및 쿠바계 스페인 어를 말하는 사람들이 사용하기에 완벽하게 적절한 것은 없다.

영어 평가 자료를 지엽적으로 번역하면 번역이 꽤 다를 수 있어 이를 피해야 한다. 심지어 번역을 잘했더라도 다른 언어를 사용한다는 사실만으로도 평정척도와 기타 평가 도구의 타당성 및 신뢰성에 예기치 못한 영향을 미칠 수 있다. 부수적인 정보를 얻으려는 독자는 교육 및 심리 검사 기준(Joint Committee, 1999)에 대한 9장을 참고하길 바란다.

비언어적 검사

전통적으로 영재 프로그램에서 잘 판별되지 않는 집단에 속한 영어 영재 학습자와 기타 학생들을 파악하는 또 다른 접근법은 바로 비언어적 검사를 사용하는 것이다. 본질적으로 문어식 언어보다는 그림 혹은 추상적인 디자인을 활용한, 최소한의 지시와 언어적 자극을 사용하는 검사 질문이 특징인 표준화된 검사가 있다. 비언어적이라는 말은 검사 그 자체만이 아니라, 학생들이 검사 항목에 답할 때 사용하는 내적 사고 과정을 말한다. 일반적으로 사용되는 비언어적 검사에는 비언어적 지능검사(Test of Nonverbal Intelligence, TONI-3; Brown, Sherbenou, & Johnsen, 1997), 나글리에리 비언어적 지능검사(Naglieri Nonverbal Intelligence Test, NNAT; Naglieri, 1996)와 1993년에 처음으로 발행된, 가장 오래된 검사 유형인 레이븐 프로그레시브 매트릭스(Raven's Progressive Matrices; Raven, Raven, & Court, 2000)가 있다.

비언어적 검사는 좋은 생각처럼 보이지만 처음에 봐서는 분명하지 않은 제한점들이 있다. 이들 검사는 민족 및 특히 언어 집단에 따른 차이가 보다 적은 경향이 있으나, 언어 기반 IQ 검사를 사용하였을 때 너무나도 분명한 민족에 따른 점수 차이가 마치 없는 것처럼 생각하게 만든다(Lohman, 2005a; Naglieri & Ford, 2005). 사실, 추상적인 형태보다 그림을 사용한다면, 특히 언어 기반 검사보다 비언어적 검사가 오히려 문화적 편파에 더 부합될 가능성이 있다. 예를 들어, 미국 내 대부분의 학생들은 우체통 선 그리기를 쉽게 인식한다. 그러나 주상 아파트에 살거나 다른 나라에서 온 아동에게 우체통 선 그리기는 미국 내 학생들이 생각하는 우체통처럼 보이지 않을 수도 있다. 즉 어떤 경우에 학생의 배경에 따라 다른 나라에서 온 학생은 우체통을 전혀 경험하지 않았을지도 모른다. 이러한 종류의 문제로 인해 검사 개발자들이 촉각을 곤두세워야 하는 것이다.

비언어적 판별 도구가 가진 또 다른 문제는 영재 프로그램이 거의 비언어적 내용을 가르치지 않는다는 것이다. 사실 대부분의 영재 프로그램은 언어적 기술을 매우 강조한다. 어떤 교육자들은 일단 영재 프로그램을 받게 되면 실제 사용하지도 않을 기술에 기초하여 학생을 판별한다는 생각에 의문을 제기한다. 비록 이러한 상황에서 학교가 학생들로 하여금 그들의 강점에 잘 맞지도 않는 프로그램에 맞추도록 기대하기보다는, 학생의 요구에 부합하도록 구안한 영재 프로그램을 제공하는 것이 보다 적절해 보인다(Frasier, 1989; Rogers, 2002).

마지막으로, 검사 사용자들은 비언어적 검사 저자들이 제기하는 터무니없는 주장에 직면할 것인지 아닌지 신중을 기해야 한다. 비언어적 검사는 매일매일의 학교 활동과 덜 비슷하므로, 언어 기반 검사에 비해 학업 성취를 잘 예측하지 못하는 경향이 있다(Lohman, 2005b). 비언어적 검사에만 의존하게 되면 영재 프로그램에 있어야 할 많은 학생들을 놓칠 수 있다. Frasier(1989) 및 여러 사람들이 언급하였듯이, 영재성을 평가하는 여러 도구 및 방도를 사용하여 여러 학생들이 자신의 능력을 보여 줄 기회를 갖게 해 주는 것이 중요하다.

역동적 평가

역동적 평가(dynamic assessment)는 이스라엘 내 문화적 및 언어적으로 다양한 배경을 가진 학생을 특별한 교육 학급에 배정할 수 있는지 여부를 결정하기 위해 개발한 책략이다(Feuerstein, Rand, & Hoffman, 1979). 본래 이 방법은 학생의 최소 능력 수준을 결정하기 위해 사전 검사를 실시하고, 그러고 나서 어른이 개별적으로 이 학생들이 유사한 문제를 완수하는 방법을 학습할 때 이들과 함께 활동한다. 이상의 훈련을 받은 후에 세 번째 문제를 사후 검사로 활용하여 학생들이 지금 수행할 수 있는 수준을 결정한다.

이 방법이 갖는 이점은 이전 지식이 아닌 학생의 학습 잠재력 혹은 새로운 자료에 대한 학습 능력을 평가하는 데 있다. 검사 항목은 대개 속성상 비언어적으로, 검사 결과에 대한 영어 능숙도의 영향을 최소화 한다. 비록 학습장애를 가진 학생을 위해 개발하였지만, 역동적 평가 방법은 또한 영재와 기타 여러 배경을 가진 학생에게도 활용되고 있다(Matthews, 2002a; Swanson & Lussier, 2001). 자료의 난이도 수준을 제외하고, 역동적 평가 방법을 영재나 학습장애를 가진 학생에게 실시하는 방법에는 거의 차이가 없다. 역동적 평가 접근법을 사용하여 영재를 판별하고자 할 때, 사후 검사뿐 아니라 사전 검사 점수도 고려해야 한다. Swanson-인지 처리 검사(Swanson-Cognitive Processing Test, S-CPT; Swanson, 1996)는 이와 같은 역동적 평가를 활용한 것으로 상업적으로 구매할 수 있다.

역동적 평가 방법의 단점은 역동적 평가가 갖는 실험적인 속성에 있다. 즉 각 학생마다 개별적으로 활동하는 데 필요한 시간, 훈련 프로토콜, 점수화 절차 및 일반적으로 검사가 갖는 양식 등에서 표준화가 부족하다. 여러 실험적 검사(예: Tzuriel, 2001)와 상업적으로 발간된 도구(Swanson, 1996)를 역동적 평가 방법에 기초하여 개발하고, 향후 개발 연구들을 통해서 이와 같은 단점을 언급하고 보다 잘 적용되는 역동적 평가 방법을 만들어 내야 할 것이다. 역동적 평가에 대한 정보를 얻고자 한다면 Lidz와 Elliott(2000), Sternberg와 Grigorenko(2002), 그리고 Tzuriel에 문의하기 바란다.

영어 학습자를 위한 검사 성공 가능성을 증진하기

영어 영재 학습자를 판별하기엔 검사만으로 충분하지 않다는 것을 이 시점에서 분명하게 해야 한다. 그러나 학급 교사는 대개 영재를 어떻게 판별할 것이지 결정할 때 영향을 행사하는 데 한계가 있다. 이상의 결정은 일반적으로 주와 학군 수준에서 이뤄진다. 표준화된 적성(IQ) 혹은 성취 검사는 영재 프로그램을 받을 학생에게 자격을 부여하는 주요 방법으로 남아 있다. 그러나 여전히 교사들이 영어 학습자들이 표준화된 검사를 준비하도록 도움을 주는 여러 단계가 있다. 기억할 것은 이러한 책략들은 검사를 "가르치는 것이" 의도가 아니라, 오히려 학생들이 이미 알고 있는 바를 효과적으로 전달하도록 돕는 데 있다. 매우 우수한 학생들은 이와 같은 책략을 빠르게 학습할 것이다. 이러한 책략의 첫 번째는 검사를 실시하는 언어에 대한 것이다. 표준화된 검사에서 사용하는 언어는 예상할 수 있는 패턴이 있어 대개 표준적으로 말하는 영어와 구분된다. 질문 패턴이 그 순서에 약간 변화를 주어, 특정 검사 내에서 반복적으로 나타나는 경향이 있다. 예를 들어, 빼기 문제를 제시할 때 사용하는 단어가 많이 있다. 빼기, 어디에서 빼기, 그리고 덜을 수반한 단어들로 학생들에게 유사한 산수 조작을 하도록 지시를 내릴 것이다. 물론 모든 학생들도 유사한 의미를 가진 다양한 단어를 이해할 때 문제가 있지만, 영어 학습자들은 특히 이러한 어려움에 빠지기 쉽다. 연습문제 및 검사 예제 판을 통해서 학생들이 직면할 특정 예시 단어를 찾아보는 자료를 제공한다.

두 번째 책략은 검사 자체 내 맥락적 단서에 대한 것이다. 맥락적 단서에는 이탤릭체 혹은 밑줄을 그어 놓은 단어가 포함되며, 이 단어는 정확하게 고려해야 할 대답 유형에 단서를 제공한다. 가장 좋은 혹은 그렇지 않은 같은 단어는 특별한 의미를 전달할 때 사용된다. 즉 가장 좋은이란 단어는 한 개 이상의 여러 개가 정답일 수 있지만, 그렇지 않은이란 말은 모두가 아닌 단 한 개가 정확하다는 것을 의미한다 (Rivera & Stansfield, 2004). 이와 같은 종류의 기술은 "검사를 잘 치르는(test smarts)" 것으로서 전통적으로 모든 학생들에게 가르칠 수 있고 가르쳐야 한다.

세 번째 책략 영역은 검사 자체에 대한 친숙도와 관련된다. 미국처럼 시험 보기에 관심을 보이는 나라는 드물기 때문에, 다른 나라에서 온 학생들은 검사 및 검사 과정에 익숙하지 않을 것이다. 특히 어린 학생의 경우, 검사받는 것이 위협으로 비춰질 수 있다. 2호 연필로 동그라미 안을 채우는 것같이, 많은 사람들이 당연시하는 활동조차도 어떤 학생은 숨 막혀 할 수 있다. 검사 양식과 검사 과정에 친숙해지도록 교사가 영어 학습자들과 활동을 한다면, 영어 학습자들이 검사 상황에 직면하였을 때 자신의 최대 노력을 경주할 수 있을 것이다.

학급 내 언어

영어 학습자를 위한 프로그램 모델

학교는 영어 학습자를 교육하는 다양한 접근법을 개발하였다. 이중언어주의의 인지 및 사회적 이점에 기초하여 한 개 이상의 언어에서 아동 발달을 권장하려는 프로그램 모델들은 한 개 언어만 개발하고자 하는 프로그램에 비해 바람직한 것이다(Baker, 2000). Baker에 의거하여 여기서 제시하는 프로그램 모델들을 "좀 더 강력한" 혹은 "보다 약한"으로 기술할 것이다. 학교는 이와 같은 접근법을 사용하며 때로는 프로그램 모델 중에서 한 개 혹은 그 이상을 혼용하여 사용하기도 한다. 학교가 사용하는 특정 프로그램 모델은 영어 영재 학습자를 찾아내는 능력에 일부 영향을 행사할 수 있다.

다양한 프로그램 모델 중에서 학교에 적절한 것을 어떻게 결정할 수 있는가? 어려운 질문이긴 하지만 이상의 목표를 위해 개발한 지침들이 있다. 온라인상으로 이용할 수 있는, Burkart와 Sheppard(자료 참조 바람)가 개발한 자료는 지침을 찾는 사람들에게 도움이 될 것이다. Burkart와 Sheppard가 제시하는 조언을 요약해 보면, 연방 정부, 주와 지역 법규들은 학교에서 사용하는 선택안을 제한할지도 모른다. 일단 법적 조항을 파악하게 되면, 다음 단계는 학생에게 제공할 수 있는 프로그램을 지원하는 언어의 유형과 정도를 결정하는 것이다. 영어 학습뿐 아니라 학생의 모국어로 지도하는 것에 대해 이 문제를 고려해야 한다. 마지막으로, 학교의 특별한 상황 내 학생의 요구는 기타 중요한 정보를 제공한다. 이상의 질문을 언급한 후에, 이행할 각각의 프로그램 선택안들이 학교에 적절하게 맞는지 고려할 수 있을 것이다.

외국어 몰입 프로그램

보다 강한 접근법은 2개 혹은 그 이상의 언어를 동일하게 증진하는 것이다. 또한 이 접근법은 이중언어적으로 읽고 쓸 줄 아는 능력 및 이중 혹은 다문화적 가치를 증진하는 경향이 있다. 외국어 몰입 프로그램(Foreign Language Immersion Programs)은 대개 영어만 알고 있는 학생들에게 제2언어를 부분적으로 혹은 주로 제공함으로써 제2언어를 지도하고자 고안한 것이다. 외국어 몰입 프로그램은 주로 주류(mainstream)인 학생을 위한 것이므로, 영재 판별 과정과 프로그램이 언어 능력에 보다 주안점을 두는 것과는 별도로, 본래 학교에서 실시하는 프로그램과 다르게 해야 한다.

이중언어 프로그램

이중언어 프로그램(Dual Language Programs)은 두 개 언어를 제공하고 이 두 개 언어 사이에 교수 시간을 분리한다는 점을 제외하고는 외국어 몰입 프로그램과 유사하다. 예를 들어 각 학급에서는 아침에 스페인 어를, 오후에는 영어를 가르칠 수 있다. 이중언어 학교는 대개 각 모국어로 말하는 학생을 동등하게 나누며, 이중언어 학교가 전체 학군에 도움을 줄 수 있기 때문에 대개는 경쟁 입학을 한다. 이론상으로는 실제 달성하기 어렵다고 하더라도, 두 개 언어와 문화에 어떤 식으로든 동일하게 가치를 부여할 것이다. 집에서 비주류 언어를 말하면서 이중언어 프로그램을 받는 학생은 잘 지내며, 이와 같은 환경을 통해서 주류 및 비주류의 배경을 가진 영재학생들에게 풍부한 자원을 제공할 수 있다.

보호 내용 지도

보호 내용 지도(Sheltered Content Instruction)는 매일 혹은 몇 주간 몇 시간의 지도를 제공하는 또 다른 유형의 전이 프로그램으로, 지도하는 내용 영역에 통합하여 ESOL을 제공한다. 풀아웃 영재 프로그램 경우처럼, 학생이 보호 내용 지도를 받는 시간은 학교마다 다양하다. 다른 전이 프로그램에 있는 것보다는 학생들이 내용 영역에서 뒤처지지 않게 하므로, 잘 개발한 보호 내용 지도 프로그램은 학업 성취를 증진하는 데 상당히 효과적이다(Echevarria, Vogt, & Short,

2004).

전통 언어 프로그램

전통 언어 프로그램(Heritage Language Programs)은 때때로 영어로 보충을 하면서 각 언어로 학생의 교육적 요구에 맞게 프로그램을 짜므로, 소수 민족 학생의 언어로 지도를 할 수 있다(Matthews & Matthews, 2004). 전통 언어 프로그램은 상대적으로 미국 내에서는 일반적이지 않으나 잠재적으로 프로그램을 받는 학생의 높은 능력을 파악하는 좋은 자원이 될 수 있다.

영어 몰입 프로그램

영어 몰입 프로그램(English Immersion Programs)은 두 언어 능력 개발보다 영어 획득에 우위를 두는 비교적 약한 접근법이다. 이 프로그램의 목적은 대개 학생을 지배적인 단일언어 문화에 동화시키는 것이다. 또한 여러 비판가들이 말하듯 침수 프로그램이라 불리는 영어 몰입 프로그램은 본래 학생이 빠지든 혹은 헤엄을 치든 영어만으로 이뤄진 상황에 학생을 넣는다. 또한 학생들에게 다른 언어를 가르치는 프로그램을 수정 없이 적용하기 때문에 몰입이라는 용어는 혼란스러울 수 있다. 몰입 프로그램은 영어를 말하는 캐나다 학생에게 불어를 가르치는 것 같은 일부 맥락에서는 성공적이다. 그러나 불어가 캐나다에서 차지하는 높은 위치처럼 다른 언어가 영어만큼 그 위치를 공유할 수 없는 미국 내에서, 일반적으로 영어에 주안점을 두는 몰입 프로그램은 제2 혹은 모국어를 희생시키게 된다.

전이적 이중언어 프로그램

전이적 이중언어 프로그램(Transitional Bilingual Programs)에서는 하루 중 단지 일부 동안만 학생들에게 그들의 모국어로 1~2년 동안 수업을 제공하여 모든 영어 수업에 빨리 전이하도록 개발한 프로그램이다. 이 프로그램은 풀아웃 ESOL 수업을 포함하여, 학생들이 미국 내 학교 맥락에 친숙해지도록 신입자 프로그램뿐 아니라 하루 혹은 몇 주, 몇 시간 동안 영어로 개별화된 수업을 제공한다.

또래들이 특별 학급에 참여하는 학생들을 비난하지 않도록 주의를 기울여야 한다. 즉, 영재를 위한 특별 학급에도 역시 이와 같은 주의 사항이 적용된다. 이들 프로그램은 영재교육과 마찬가지로 교사 훈련, 또래 관계 및 사실상 인종차별 문제에 관심을 기울인다.

불행히도, 일반적으로 아동들이 학급 상황에서 영어를 효과적으로 충분히 사용하려면 3~7년이 걸리므로 이상의 보다 약한 접근법으로는 대개 영어 학습자가 경쟁에서 불이익을 받는다. 이와 같은 프로그램에서 영재 및 매우 높은 동기를 가진 학생들은 또래보다 빠르고 능숙하게 영어를 학습하지만, 모국어 혹은 효율적인 보호 지도 프로그램 같은 부수적인 내용 학습이 없으면 영재 프로그램에 입학할 때 요구하는 높은 검사 점수를 받지 못할 수도 있다.

학급 내 언어 획득을 지원하기

프로그램 선택안들은 그 효율성 면에서 다양하지만, 교사 역시 학생의 언어 획득을 지원하기 위해 할 수 있는 것이 많이 있다. 교수 지도를 풍부하게 하는 책략을 사용함으로써 영어 학습자들이 영재 프로그램에 입학하는 자격을 더욱 갖출 수 있을 것이다. 이상의 교수 책략은 영재 프로그램 상황에서 학생의 기술을 개발할 뿐 아니라 정규 학급 내에서도 사용할 수 있는 것들이다(Aguirre, 2003). 만약 수학 점수를 볼 때 영재반에 들어갈 수 있지만 여전히 상대적으로 낮은 언어 점수를 가지고 있다면, 이 책략들을 이미 영재 학급에 참여하고 있는 영어 학습자에게 사용할 수 있다.

여러 환경적 요인 범주들이 제2언어 획득에 영향을 미치는 것처럼 보인다. 환경적 요인, 지역사회에서의 학습자의 역할, 구체적으로 이용 가능한 참조물 및 주위의 영어 모델이 포함된다(Piper, 2003). 성공적인 언어 학습환경은 형식적인 규칙과 반복을 강조하는 것 외에도, 언어를 사용하는 자연스런 맥락을 조성하고 학습자들로 하여금 양방향적인 의사소통에 참여하게 한다. 구체적으로 이용 가능한 참조물은 새로운 단어를 학습하는 동안 관찰할 수 있는 단순한 대상을 말한다. 즉, 새로운 어휘를 학습하였을 때 이 대상물은 즉각적으로 의미를 제공하여 이해를 증진시킨다. 언어 학습 모델은 영어 학습자에게 새롭게 학습한 언어에 대한 예를 보여 주는 사람들을 말한다. 아동들은 언어 학습 모델로 어른보다는 또래를 선호하는 것처럼 보인다(Piper, 2003). 심지어 단지 몇 명의 영어 학습 학생들이 있는 학급에서도 이와 같은 환경적 원리를 활용하도록 배열해 주어, 학생들로 하여금 완전히 자신의 능력을 개발하고 표현하도록 허용해 준다.

영어 학습자와 활동하는 학급 교사들이 사용할 수 있는 기타 중요 교수 책략에는 다음과 같은 것들이 포함된다.

- 언어 기술을 연습할 자연스런 맥락을 만든다.
- 양방향적인 의사소통 관련 활동을 선택한다.
- 어휘 학습에 도움을 주는 구체적인 대상물을 사용한다.
- 좋은 언어 모델이 되는 모국어를 말하는 사람과 의사소통할 기회를 제공한다.
- 의미를 더해 주는 몸짓과 얼굴 표정을 활용한다.
- 이해를 증진하기 위해 반복과 요약을 사용한다.
- 교사가 학급 전체를 대상으로 말하는 시간을 최소화한다.

교사는 단어에 의미를 더해 주는 얼굴 표정과 기타 몸짓을 사용하여, 가르칠 때 맥락적인 지원을 제공함으로써 영어 획득 과정을 위한 비계(scaffold)를 제공할 수 있다. 의식적으로 반복하고, 요약하고, 방향 제시를 다시 언급하여 영어 학습자들이 새로운 자료에 대한 이해를 증진하며 영어로 생각을 표현하는 여러 방식을 인식하게 한다. 마지막으로, 학생의 학업적 영어 능력을 증진할 때 간접적 및 직접적인 교수 기법을 결부지어 한 가지 책략보다 보다 효율적임을 언급한다.

Piper(2003)는 피해 가야 할 기타 교수 책략의 예를 소개한다. 피해 가야 할 책략 중에서 주된 것은 바로 교사 중심 혹은 교사가 지시를 하는 대화로서 어떤 학급에서는 교수가 지도하는 시간의 반 이상을 여기에 할애하기도 한다. 교사가 말을 할 때 학생들은 말을 하지 않는다. 그러나 학생들은 말을 사용함으로써 언어를 배운다. 또한

Piper는 학생들이 아직 알지 못하는 것을 학교가 가르쳐야 한다고 강조하였다. 그러나 대부분의 학급에서는 학생들이 이미 완전 학습한 과제를 반복하도록 강조한다. 이와 같은 상황으로 인해 모든 학생들이 뒤로 물러서고 있지만, 특히 영재의 경우 그 결과로 인한 피해가 커서 성취상의 문제를 일으킬 수 있다. 적절하고 부적절한 교실 실제에 관한 구체적인 예는 Piper의 책 10장을 참조하기 바란다.

영어 영재를 위한 서비스

학교의 기존 영재교육 프로그램은 어떤 틀 안에서 영어 영재 학습자들에게 서비스를 제공할 것이다. 다음은 학교가 직면할 수 있는 두 가지 가상 상황을 기술하였다. 대부분의 학교들은 이 두 극단 사이 어디에 해당될 것이며, 따라서 적절히 노력을 기울여야 한다.

일반적으로 말해서 영재 프로그램은 상위 5~10%에 해당하는 학생을 위해 개발된 것이지만, 영재 프로그램의 주된 대상은 1% 미만에서 30% 정도 그 프로그램 모델에 따라 다양하다. 학교에 재학 중인 특정 학생들 또한 영재 프로그램에 참여할 학생 수에 큰 영향을 미칠 수 있다. 상위 10% 학생이 등록하는 프로그램(주 전체 기준에 기초하여)은 모든 학생들에게 서비스를 제공하지 않을 수도 있거나 특정 학교에 따라서 25% 정도 학생에게 서비스를 제공할 수도 있다. 다른 학교 프로그램과 비교하여 할당하는 자원뿐 아니라 학교 인구의 다양성, 학교의 민족 구성과 주변 지역사회의 특징이 모두 영재 프로그램을 설립할 것인지 그리고 어떻게 설립할 것인지 영향을 미친다.

매우 가난하거나 이민자가 많은 지역에 있는 어떤 학교에는 영재 프로그램이 없을지도 모른다. 주에서 영재교육을 위한 기금이 마련되지 않았거나 영재 프로그램을 위임하지 않을 수도 있다. 또한 마련되어 있는 지침을 볼 때 학생들이 자격을 갖추지 않아서 학교가 영재교육 기금을 받지 못할 수도 있다. 이러한 상황에 처해 있는 학교의 부모와 지역사회는 대체로 영재교육에 지원을 잘하지 않는다. 이유가 무엇이든지 간에 학교 관계자들의 태도, 특히 행정가들의 태도가 결정되어야 한다. 이와 같은 환경에서 "우리 학교에는 영재가 없다"라는 잘못된 가정이 일반적으로 표출된다. 그러나 조치를 취하는 몇 명의 관심 있는 교사나 행정가들은 이러한 인식에 변화를 줄 수 있다. 영재 프로그램이 없을 경우, 어떤 특정 학교에 다니는 학생의 요구를 충족시키자는 바로 그 기초에서부터 출발하여 프로그램을 설립하고 개발할 수 있다.

어떤 학교든지 보다 학습 능력이 있는 학생들과 능력이 없는 학생들이 있다. 만일 대부분의 능력 있는 학생도 영재 서비스를 받을 만큼 자격을 갖추지 못하였다면, 한 가지 효과적인 책략은 풀아웃 심화반을 제공하여 이 학생들이 향후에 자격을 갖추도록 해 주는 것이다. 이 책략은 특히 앞으로 같은 학교에 여러 해 동안 다녀야 할 어린 초등학생들에게 효과적이다. 심화반의 혜택을 받을 학생을 파악할 때 부록 B에 수록해 놓은 것과 같은 척도를 표준화 검사와 함께 사용할 수 있다.

학교는 대개 주류 학생들에게 영재 프로그램을 제공한다. 전체 학생 중 80%가 소수 민족 학생이 다니는 학교라도 영재 프로그램에 등

록한 95%가 주류 학생일 수도 있다. 있는 그대로의 견지에서 볼 때, 영재 프로그램을 엘리트주의 혹은 인종차별주의로 보이게 만들 뿐 아니라, 또한 상당한 능력을 가진 학생들이 선발 과정에서 간과될 수 있다는 점을 보여 주는 것이다. 이러한 상황에서 분명히 변화가 필요하지만, 주류 학생을 대상으로 하는 영재 프로그램은 강력하고 잘 연계된 지역사회와 부모 네트워크를 대개는 가지고 있다. 대부분 동남부 주에서 볼 수 있듯이, 지역사회와 부모 네트워크는 "기준을 낮추는" 것 같으면 강하게 반발한다(Golden, 2004; Matthews, 2001). 따라서 효과적인 공공 관계 책략이 성공적으로 영재교육을 옹호하고 긍정적인 변화를 증진하는 핵심적인 요소이다(Besnoy, 2005).

주, 학군, 그리고 학교가 지금은 기존 영재 프로그램을 다양화하는 여러 접근법을 실시하기 시작하고 있으며, 이들 모델 중에서 보다 효과적인 것이 최선의 실질적인 장을 열 것이다. 오늘날 기존 영재 프로그램을 다양화하는 데 있어 성공적인 여러 접근법이 있다. 최선의 접근법은 연구에 기반을 둔 것이며, 또한 특정 학생과 학교의 요구 및 특징을 고려한 것이다.

영어 영재 학습자를 위한 차별화된 학급 지도

단일 학급 내에서 상이한 수준에 있는 학생을 지도하는 다수준 학급(multilevel class)은 영재학생에게는 일반적인 접근법이다. 이와 같은 이질적인 접근법은 능력별 집단 편성 유형과 비교해서 영재에게 덜 효과적인 것처럼 보일 수 있지만(Kulik & Kulik, 1992), 부가적인 자원이 필요하지 않기 때문에 학교는 이러한 방식으로 학생을 집단으로 편성한다. 이와 같은 집단 편성으로 인해 교사들은 평균보다 높거나 (혹은 평균보다 낮은) 수준에 있는 학생을 위해 교수 지도를 차별화해야 한다(Smutny, Walker, & Meckstroth, 1997).

차별화는 실시하기 어렵겠지만, 관찰한 바에 의하면 교사가 낮은 수행을 보이는 학생의 요구에 대부분 관심을 집중하게 될 경우, 이러한 상황에서 영재학생의 요구가 충족되지 않을 것이다. 그러나 중간 혹은 그 밑에 있는 학생보다는 오히려 학급의 상위에 있는 학생을 지도하여 잘하는 학생이 지루해하지 않도록 하면서 중간에 있는 학생의 수행을 높일 수 있음을 생각하자. 성취에 대한 또래 영향은 특히 초등학교 수준에서 상당히 강력하며(Betts et al., 2003), 높은 성취를 하는 학생들은 연합하여 또래를 위로 이끌어 줄 수 있을 것이다. 게다가 평균 정도 혹은 평균을 약간 상회하는 수준에 있는 미성취 학생을 돕는 자료는 학교에 많이 있다.

형식적으로 영재로서 판별되지 않은 영어 학습자나 풀아웃 영재 프로그램이 있어 다른 능력 있는 학생과 활동할 기회가 용이하지 않은 학생들에게 이질적인 학급은 다양한 능력을 갖춘 또래와 함께 활동하는 기회를 제공해 줄 것이다. 이러한 경우에 학생들이 상호작용하고 스스로를 표현하는 방식에서 나타나는 문화적 차이에 대해 교사는 민감하게 반응을 해 주고, 또한 주류 영재에게 사용하는 일부 교수 책략을 적용할 수도 있다. 정규 학급 내 주류 영재학생을 위해서 Smutny와 동료들(1997)은 서로서로 편안하게 활동하도록 돕고, 구조성과 창의성의 균형을 제공하며, 개별 학습 스타일에 대한 민감성을 통합하고, 교수 지도를 계획할 때 아동의 지식 기반을 평가하며, 집단과 개별 활동 사이에 균형을 제공하자고 제안하였다. 효과적인 교수 지도는 어떤 아동을 지도하든지 이와 같은 일반적인 특징을 갖는다. 영재는 단지 어떤 특징의 이상을 요구하지만(교육과정 깊이, 폭과 복잡성), 어떤 것에서는 덜 요구하기도 한다(예를 들어 반복).

제 언

오늘날 공립학교에서 영어 영재 학습자를 효과적으로 지원하려면 특별한 지식, 노력과 실천이 필요하다. 이 책을 읽고 여러분은 선택된, 그러나 영어 학습자의 생활에 도움을 주고자 헌신하는 일부 교육자 집단이 되었다. 기억할 것은 학생들이 그들의 잠재력에 도달하도록 도움을 주면 각 학생들이 반대로 다른 사람에게 도움을 줄 것이다. 그러나 여러분의 노력에 대한 결과는 어쩌면 향후 몇 년 안에는 눈에 띄지 않을지도 모른다. 가장 큰 나무조차도 예전엔 작은 씨앗이었고, 적절하게 영향을 공급해 주는 환경에서 뿌리를 내리지 않았다면 오늘날 그곳에 없었을 것이다. 여러분의 노력이 공헌을 할 것이다.

추후 연구를 위한 자료

주석 있는 웹 자료

Basic Interpersonal Communicative Skills(BICS)와 Cognitive Academic Language Proficiency(CALP)

http://www.iteachilearn.com/cummins/bicscalp.html

Jim Cummins는 언어 획득과 교육을 연구한 가장 유명한 연구자들 중 하나이다. 이 웹사이트에서 Jim Cummins는 아동들이 대개 새로운 언어를 학습하여 제 기능을 하기 전에 새 언어에 어휘적으로 유창해지는 데 오래 걸리는지 그 이유를 설명하기 위해 개발한 모델, 즉 BICS와 CALP에 대해 논의한다. Cummins의 글 중 대부분을 웹사이트에서도 얻을 수 있다. http://ourworld.compuserve.com/homepages/JWCRAWFORD

Davidson Institute for Talent Development

http://www.ditd.org/public

Davidson Institute는 고도 영재를 위한 장학금 프로그램을 실시하고, 영재교육에 대한 전자 뉴스레터를 발행하며, *Genius Denied: How to Stop Wasting Our Brightest Young Minds*라는 책을 발간한다. Genius Denied 웹사이트를 보면 주별 영재교육 정책을 수록해 놓은 지도를 찾아볼 수 있다.

Do You Speak American?

http://www.pbs.org/speak

미국 내 언어에 대해 PBS사가 만든 사이트이다. 교사의 특별한 관심을 끄는 것 중에 스페인 어와 멕시코계 영어로 된 단어를 포함하며, 고등학생용의 다섯 가지 교육과정 단원이 이 사이트의 특징이다. 언어적 명성과 언어적 편견에 대한 페이지를 포함하여 여러 영어 방언에 대해 기술해 둔 것이 특히 유용하다.

Leung, A. K. C., & Kao, C. P. (1999). Evaluation and management of the child with speech delay. *American Family Physician*, *59*, 3121–3129.

http://www.aafp.org/afp/990600ap/3121.html

박사들이 쓴 이 논문은 언어 지체를 포괄적으로 소개한다. 저자들은 두 개 언어로 정상적으로 이해하기까지 이중언어주의로 인해 한 개 혹은 두 개 언어에서 지체가 생길 수 있음을 언급하고 있다. 대개 5세 전 이중언어로 유창하게 말하기까지 언어 지체가 생길 수 있음을 인식해야 한다.

The Center for Applied Linguistics

http://www.cal.org

The Center for Applied Linguistics(CAL)는 언어 관련 문제를 파악하고 언급할 목적으로 언어를 연구하는 학자와 교육자로 구성된 비영리 기관이다. CAL은 제2언어와 외국어를 지도할 때 영어용 연구를 기반으로 하여 자료를 개발한 최초의 기관 중 하나이다.

The National Association for Bilingual Education

http://www.nabe.org

The National Association for Bilingual Education(NABE)은 이중언어 교육에서 활동하는 영어 학습자와 전문가를 대표하는 국립 전문기관이다. 이 협회의 웹사이트는 연구와 지원에 대한 정보를 수록하고 있으며, NABE는 이중언어 영역에 종사하는 연구자와 교사들이 참여하는 컨퍼런스를 지원한다.

National Center for English Language Acquisition's State Pages

http://www.ncela.gwu.edu/policy/states/index.htm

영어 획득과 언어 지도 교육 프로그램을 위한 국립 센터의 한 부분인 이 사이트는 영어 학습자 관련 주별 교육 정책과 실제를 소개한다. 이 사이트에는 각 주별 주 교육부와 인구학적 경향에 대한 정보를 링크로 연결해 놓고 있다.

Language Links: A New World of Understanding

http://polyglot.lss.wisc.edu/lss/lang/langlink.html

이 사이트의 특징은 언어 교사와 언어 학습자를 위한 웹사이트에 주석을 달아 놓았다는 것이다. 보다 나이 든 학생들에게 적절하다고 하지만, 특히 관심을 끄는 것은 언어(ESL/EFL을 포함하여)로 배열해 놓은 웹 기반 교수 활동에 접속하는 것이다.

Universal Declaration of Linguistic Rights

http://www.unesco.org/most/lnngo11.htm

거의 90개 국가의 대표부들이 이 성명서에 서명하여 모든 사람들이 그들의 모국어를 사용할 권리를 가진다는 점을 명시하였다. 예를 들어, 조항 26은 다음과 같은 것을 진술해 놓았다. 즉, 모든 언어 지역사회 구성원들은 알고 싶은 어떤 언어든지 최대한 배울 수 있는 특권 외에도, 일상적인 언어의 사용과 관련 있는 상이한 능력을 포함하여 모국어를 완전히 구사할 수 있도록 교육받을 권리를 부여받았다(UNESCO, 1996, ¶ 75).

이 주제에 대해 더 알고 싶은 경우, UNESCO 성명에 대한 Skuttnab-Kangas의 비판(2000)을 살펴볼 수 있다.

주석 있는 인쇄물

Baker, C. (2000). *A parents' and teachers' guide to bilingualism* (2nd ed.). Clevedon, England: Multilingual Matters.

Baker, C. (2001). *Foundations of bilingual education and bilingualism* (3rd ed.). Clevedon, England: Multilingual Matters.

이 두 권의 책에서 Colin Baker는 이중언어주의와 이중언어 교육을 소개한다. A parents' and teachers' guide에서는 질문과 답하는 형식을 사용하여 이중언어적으로 자녀를 양육할 때 가장 일반적으로 제기되는 질문을 다룬다. *Foundations* 책은 보다 크고 포괄적인 것으로, 이 주제에 대해 거의 모르는 독자들이 이중언어의 중요한 사회적 · 교육적 문제를 깊이 있게 이해하도록 이끌어 준다. 이 두 권의 책은 저자의 주장을 뒷받침하는 관련 연구들을 인용하였으며 모든 언어에 적용할 수 있다.

Baldwin, A. Y., & Vialle, W. (Eds.). (1999). *The many faces of giftedness: Lifting the masks*. Belmont, CA: Wadsworth Publishing Company.

이 책의 처음 네 개 장에서 두 개 장은 미국에 초점을 맞추고, 두 개 장은 호주에 초점을 맞추고 있으며, 여러 독자들에게 가장 유용할 것이다. 책의 여러 장에서 문화적 문제, 판별 실제와 특별 학생 집단을 위한 교수 책략을 고려한다.

Bernal, E. M., & Reyna, J. (1974). *Analysis of giftedness in Mexican American children and design of a prototype identification instrument*. Austin, TX: Southwest Educational Development Laboratory.

이 보고서는 멕시코계 미국 학생 중에서 영재성을 처음으로 연구 조사한 것이다. 108명의 스페인/영어 이중언어 학생들을 포함하여 텍사스 내 세 곳에서 학생들이 이 연구에 참여하였다. 부록 A에 있는 예제 행동 평정척도를 이 프로젝트 과정 중에 개발하였다.

Burkart, G. S., & Sheppard, K. (n.d.). *Content-ESL across the USA: A training packet*. Retrieved August 1, 2005, from http://www.ncela.gwu.edu/pubs/cal/contentesl

이 시리즈에 수록된 15개 내용-ESL 지침은 ESL 프로그램을 만들거나 수정하는 사람들에게 좋은 자료이다. 주제는 평정 실제에 대한 평가에서부터 가르칠 자료를 정하기 위한 예제 수업 계획과 지침까지 다양하다. 내용-ESL을 구안하고 실시하며 지원하는 두 번째 지침은 특히 유용하다.

Castellano, J. A., & Díaz, E. I. (Eds.). (2002). *Reaching new horizons: Gifted and talented education for culturally and linguistically diverse students*. Boston: Allyn & Bacon.

Castellano, J. A. (Ed.). (2003). *Special populations in gifted education: Working with diverse gifted learners*. Boston: Allyn & Bacon.

이 책에 수록해 놓은 장에서 영재교육 내 다양성과 관련 있는 여러 문제를 다룬다. 특별히 여러 장에서 판별, 평정과 언어적으로 다양한 배경을 가진 학생을 발굴하고 서비스를 제공하기 위한 프로그램 모델을 다룬다. 이중언어를 사용하는 영재학생을 위한 성공적인 프로그램과 학급 접근법에 대한 기술을 소개하여 2002년도 판에서는 특히 도움이 되는 내용이 많다.

Diaz Soto, L. (Ed.). (2002). *Making a difference in the lives of bilingual/bicultural children*. New York: Peter Lang.

저자들은 이중언어와 이중문화 아동의 교육에 대한 비판적인 최신 관점을 소개한다. 이 저서의 특별한 장점은 미국 인디언과 중국계 이민 자녀를 포함하여 여러 다양한 언어적 그리고 문화적 배경을 포함해 놓았다는 점이다.

Ellis, R. (1997). *Second language acquisition*. Oxford: Oxford University Press.

Ellis는 이 작은 책에서 제2언어 획득에 대해 간결하게 소개한다. 용어집과 주석을 달아 놓은 참고서적은 이 주제를 공부하는 사람들에게 상당히 유용할 것이다.

Echevarria, J., Vogt, M. E., & Short, D. J. (2004). *Making content comprehensible to English learners: The SIOP model* (2nd ed.). Boston: Allyn & Bacon.

SIOP는 보호 지도 관찰 프로토콜로서 주류 학급 내 영어 학습자에게 보호 내용 지도를 전달할 때 사용하는 연구 기반 모델이다. 책은 효과적이며 덜 효과적인 실제를 들어, 각 SIOP 모델의 구성요소를 설명하며, 교수 전달과 프로그램 평가에 대한 구체적인 지침을 제시한다.

Esquivel, G. B., & Houtz, J. C. (Eds.). (2000). *Creativity and giftedness in culturally diverse students*. Cresskill, NJ: Hampton Press.

창의성은 다양한 영재학생의 강점을 보이는 영역으로 자주 언급된다. 이 책에서는 이러한 주장을 지지하는 문화를 살펴보고, 문화적 · 언어적으로 다양한 배경을 가진 학생들이 직면할 사회문화적 · 언어적 · 인지적 특징을 기술한다.

Ford, D. Y., & Harris III, J. J. (1999). *Multicultural gifted education*. New York: Teachers College Press.

저자들은 다문화 및 영재교육 분야를 결부 지었다. 저자들은 기존 프로그램의 다문화 내용을 평가하는 제안점을 제시하고 다문화 영재학생과 프로그램을 위한 예제 활동 및 최선의 실제를 보여 준다.

Goldstein, T. (2003). *Teaching and learning in a multilingual school: Choices, risks, and dilemmas*. Mahwah, NJ: Lawrence Erlbaum Associates.

이 책은 캐나다 고등학생의 사례 연구를 소개하여 이 학교에 빠르게 유입되는 중국 광동어를 사용하는 이주민 학생에게 어떻게 대응하였는지 소개한다. 주제별로 여러 장을 기술하였고 각 장은 반성과 토론을 이끌어 내는 짧은 섹션이 마지막에 있다. 이 책은 학생 인구가 빠르게 변화하는 학교에서 전문성을 신장하려는 목적을 지향할 때 상당히 유용할 것이다.

Gonzalez, V. (Ed.). (1999). *Language and cognitive development in second language learning: Educational implications for children and adults*. Boston: Allyn & Bacon.

Gonzalez는 이중언어 학생 평가에 강조점을 두면서 이 저서에서 학업적 연구에 초점을 맞춘다. 비록 읽기에 가볍지 않지만 학교 실제를 향상하기 위해 연구를 어떻게 활용할 것인지 좋은 면모를 제공한다.

González, M. L., Huerta-Macías, A., & Tinajero, J. V. (Eds.). (1998). *Educating Latino students: A guide to successful practice*. Lancaster, PA: Technomic Publishing.

이 책의 여러 섹션은 원리에 주로 목적을 두는 것처럼 보이지만, 또한 학급 교사와도 관련이 있다. 평가와 표준화된 검사에 대한 효과적인 환경과 효과적인 접근법에 대한 기술은 교사들에게 유용할 것이다. "Issues in the Teaching of Math and Science to Latinos"라는 장은 이 주제에 있어 사용할 수 있는 몇몇 자원 중 하나이다.

Hall, J. K., & Eggington, W. G. (Eds.) (2000). *The sociopolitics of English language teaching*. Clevedon, England: Multicultural Matters.

이 보고서는 영어 교수 및 학습에 대한 사회, 문화와 정치적 문제를 언급한다. "Official English" 운동, 영어의 비모국어 다양성과 학급 내 언어 정치학에 대한 장들이 특히 관심을 끌 것이다.

Howard, G. R. (1999). *We can't teach what we don't know: White teachers, multiracial schools*. New York: Teachers College Press.

저자들은 다문화적 인식 개발에 대한 개인적인 경로를 기술하고 백인 정체성과 교육 실제에 미치는 백인 정체성의 관계를 논의한다. 중요한 문제를 제기함으로써 독자의 관심을 끄는 짧지만 훌륭한 책이다.

Johnson, K. R. (1999). *How did you get to be Mexican? A White/Brown man's search for identity*. Philadelphia: Temple University Press.

Johnson은 라틴계와 백인 문화유산을 공동으로 가지고 있어 이러한 민족 정체성이 자신의 개인적인 발달에 어떻게 영향을 미쳤는지 기술한다. 자신의 교육적 경험, 법학 교수가 되기까지 경험을 소개함으로써 효과적으로 미국 사회 내에서의 문화적 동화, 인종적 관계, 그리고 다양성 문제를 제기한다.

Kogan, E. (2001). *Gifted bilingual students: A paradox?* New York: Peter Lang.

Kogan은 미국 내 영재 이중언어 교육에서 판별 실제와 부모 참여를 포함하여 중요한 문제를 다룬다. 또한 세 명의 이중언어 영재학생들이 학교에서 직면할 다양한 경험에 초점을 맞춘 사례 연구를 소개한다.

Lessow-Hurley, J. (2003). *Meeting the needs of second language learners: An educator's guide*. Alexandria, VA: Association for Supervision and Curriculum Development.

이 간결한 책은 다중언어 교육을 소개하며 다중언어 문제에 대한 가장 일반적인 오개념의 실체를 보여 준다. 또한 언어 교육에서 가장 일반적으로 사용되는 모델을 기술하며, 관련 법적 결정을 요약하고 제2언어 학습자와 활동하는 교사 훈련을 다룬다.

López, Carrasco, M. Á. (1994). *Estudio, mito y realidad del niño sobredotado*. [Study, Myth, and reality of the gifted child]. Puebla, Pue., Mèxico: Universidad Iberoamericana Golfo Central/Lupus Inquisidor.

López Carrasco는 멕시코에서 영재로 성장한 자신의 경험을 되돌아보고 영재의 특징과 요구를 소개한다. 이 책은 스페인 어로만 이용할 수 있지만 스페인 어를 말할 수 있는 청중에게는 유용한 자료이다.

Piper, T. (2003). *Language and learning: The home and school years* (3rd ed.). Upper Saddle River, NJ: Merrill.

Piper의 책은 포괄적이지만, 어린 아동에게서 어떻게 언어 획득 과정이 일어나는지 초점을 두면서 직접적으로 제1언어와 제2언어 획득을 소개한다. 마지막 장에서 제시한 열 가지 원리를 통해서 교사들은 효과적으로 학급을 지도할 때 도움을 얻을 수 있다.

Reis, S. M., & Renzulli, J. S. (2005). *Curriculum compacting: An easy start to differentiating for high-potential students*. Waco, TX: Prufrock Press.

실제적 책략 시리즈 중 하나인 이 책에서 Reis와 Renzulli는 간결하지만 전체적으로 교육과정 압축을 소개한다. 교육과정 압축 접근법을 정규 학급에 등록한 영어 영재 학습자에게 사용할 수 있고 또 사용해야 한다.

Slocumb, P. D., & Payne, R. K. (2000). *Removing the mask: Giftedness in poverty*. Highlands, TX: RFT Publishing Co.

전문성 개발 워크숍을 실시하는 저자가 사용하는 이 책은 교사들이 가난한 환경에 있는 영재와 활동할 때 접하게 되는 사항들을 소개한다. 많은 영어 학습자들은 가난한 가정환경 출신이므로, 이 책은 또한 이들 학생과 활동하는 교사들에게 도움이 될 것이다.

Strip, C. A. (with Hirsch, G.). (2000). *Ayudando a niños dotados a volar: Una guía práctica para padres y maestros*. 〔Helping gifted children soar: A practical guide for parents and teachers〕. Scottsdale, AZ: Gifted Psychology Press.

영어와 스페인 어 판으로 영재교육에 대해 소개를 한다. 특히 영재 아동에 대한 교육적 결정을 내릴 때 스페인 어 지침을 제공하는 것이 도움이 될 것이다.

Tokuhama-Espinosa, T. (2001). *Raising multilingual children: Foreign language acquisition and children.* Westport, CT: Bergin & Garvey.

이 책은 빵을 굽는 것을 다중언어 아동을 양육하는 것과 비교하였다. 연구에 기초하였다고 해도, 이 책은 일차적으로 가족을 위한 지침서이다. 여러 다양한 이중언어 및 다중언어 상황에서 예들을 이끌어 내었다. 제안한 대부분 책략들을 학급에서 사용할 수 있도록 조정할 수 있다.

Torrance, E. P., Goff, K., & Satterfield, N. B. (1998). *Multicultural mentoring of the gifted and talented.* Waco, TX: Prufrock Press.

이 책은 다문화 상황에서 성공을 증진하는 데 초점을 맞추면서 독자들에게 사사제의 모든 면모를 소개한다. 특별히 2장에서는 인종적 · 문화적 · 경제적 차이에 대해 언급하고, 어떻게 이상의 문제들을 인식하고 성공적인 사사 관계를 이끌어 낼 수 있는지 진술한다.

Valdés, G. (1996). *Con respeto: Bridging the distance between culturally diverse families and schools: An ethnographic portrait.* New York: Teachers College Press.

Valdés는 미국 외곽 지역 학교에 다니는 아동을 둔 열 개 멕시코계 이주 가정의 경험에 대한 사례 연구를 활용하였다. 이 가족들의 경험과 감정을 통해서 문화적 차이를 고려하지 못하는 학교에서 어떻게 하면 아동들에게 서비스를 제공할 수 있는지 보여 준다.

Valdés, G. (Ed.) (2003). *Expanding definitions of giftedness: The case of young interpreters from immigrant communities.* Mahwah, NJ: Lawrence Erlbaum Associates.

이 책은 "가족을 위해 통역을 하는 어린 아동들이 연령, 경험과 환경에 비해 상당히 높은 수준의 일을 수행"한다는 점을 들면서 영재교육에서 혁신적인 새로운 관점을 제안하며, 따라서 영재 정의에 이를 포함해야 할 것을 보여 주고 있다(pg. xix). 영어 영재 학습자에 관심을 갖는 모든 사람들은 이 책을 읽어야 한다.

Wortham, S., Murillo, E. G., Jr., & Hamann, E. T. (Eds.). (2001). *Education in the new Latino diaspora: Policy and the politics of identity*. Westport, CT: Ablex Publishing.

역사적으로 라틴계 존재가 없는, 따라서 "New Latino Diaspora"라고 하면서, 미국의 한 부분으로 옮겨 온 라틴계 이주민의 경험을 여러 사례 연구를 통해 명시하였다. 저자는 이주민 자체의 관점뿐 아니라 이주에 대한 지역사회의 반응에 대해서도 고려한다.

Zentella, A. C. (1997). *Growing up bilingual: Puerto Rican children in New York*. Malden, MA: Blackwell Publishers.

이 책에 수록한 사례 연구는 뉴욕의 푸에르토리코 인 지역사회 맥락 내에서 아동들이 이중언어적 정체성을 형성하고 언어적 지역사회에 사회화되는 것을 보여 준다. 이 책은 또한 "스페인 어"라고 일반적으로 말하는 언어적 아말감에 대해 논의한다.

부록 A: 언어 배경 설문지 예제

지시문: 첫 번째 칸에 이름이 적혀 있는 사람이 어떤 언어로 건네는지, 또 여러분은 이 사람에게 어떤 언어로 말을 하는지 묻는 질문입니다. 영어, 스페인 어 어떤 것으로도 답할 수 있습니다.

언어 배경 설문지 학생 코드 (   )

사람	이 사람에게 여러분이 말하는 언어	이 사람이 여러분에게 말하는 언어
엄마		
아빠		
남자 형제		
여자 형제		
이모/이모부		
조부모		
베이비시터		
친구		

*출생지 (   )   *미국에 거주한 연도 (   )

*위의 두 개 항목은 제공하지만 반드시 필요한 것은 아니며 어떤 사람은 민감하게 생각할 수도 있습니다. 따라서 자유롭게 답하기 바랍니다.

출처: *Dynamic Assessment of Academic Ability of Bilingual Immigrant Latino Children* by M. S. Matthews, 2002. Doctoral dissertation, University of Georgia.

부록 B: SIGS 가정 평정척도－영어

Scale 1: General Intellectual Ability

	Never	Rarely	Some	Somewhat More	Much More
1. Has excellent reasoning ability.	0	1	2	3	4
2. Establishes cause-effect relationships easily.	0	1	2	3	4
3. Can analyze an issue from many points of view.	0	1	2	3	4
4. Is able to reach good conclusions based on evidence.	0	1	2	3	4
5. Is curious and seeks answers to questions.	0	1	2	3	4
6. Is an excellent planner and decision maker.	0	1	2	3	4
7. Gathers information to make sense of a situation.	0	1	2	3	4
8. Demonstrates a healthy skepticism and curiosity.	0	1	2	3	4
9. Asks complex questions about a topic.	0	1	2	3	4
10. Is able to rapidly understand novel tasks.	0	1	2	3	4
11. Is able to figure out what is needed to solve a problem.	0	1	2	3	4
12. Can easily relate new information to old information.	0	1	2	3	4

Total: ☐ = 0 + ( ) + ( ) + ( ) + ( )

Scale 2: Language Arts

Note. For items relating to expressive language, the statement refers to both spoken and written language. For example: "Has an advanced vocabulary" can refer to an advanced spoken vocabulary or an advanced written vocabulary.	Never	Rarely	Some	Somewhat More	Much More
1. Has an advanced vocabulary.	0	1	2	3	4
2. Reads competently and often.	0	1	2	3	4
3. Uses sophisticated syntax(i.e., the way in which words are put together).	0	1	2	3	4
4. Enjoys talking about ideas or feelings generated by what is read or what is read to him or her.	0	1	2	3	4
5. Prefers advanced-level books; enjoys difficult reading material.	0	1	2	3	4
6. Explains precisely and clearly.	0	1	2	3	4
7. Reads or speaks with expression to create meaning.	0	1	2	3	4
8. Uses language in unusual or novel ways.	0	1	2	3	4
9. Reads critically(i.e., reads with careful judgement and evaluation).	0	1	2	3	4
10. Uses mature themes and vocabulary.	0	1	2	3	4
11. Can find many ways to express ideas so that others will understand.	0	1	2	3	4
12. Is able to discuss literature or other issues at an interpretative(explanatory) level.	0	1	2	3	4

Total: ☐ = 0 + ( ) + ( ) + ( ) + ( )

Scale 3: Mathematics

	Never	Rarely	Some	Somewhat More	Much More
1. Recognizes mathematical patterns and relationships(e.g. extends a sequence of numbers; analyzes how two numbers "go together").	0	1	2	3	4
2. Applies ideas from one mathematical problem to another.	0	1	2	3	4
3. Is persistent in finding solutions to mathematical problems.	0	1	2	3	4
4. Understands mathematical principles quickly.	0	1	2	3	4
5. Easily distinguishes between relevant and irrelevant information in mathematical problems.	0	1	2	3	4
6. Uses creative or unusual strategies to solve mathematical problems.	0	1	2	3	4
7. Is successful with advanced-level mathematical concepts.	0	1	2	3	4
8. Develops multiple strategies to solve mathematical problems.	0	1	2	3	4
9. Uses correct mathematical language.	0	1	2	3	4
10. Has knowledge about a variety of mathematical topics.	0	1	2	3	4
11. Is discovery oriented(i.e., likes to find answers to mathematical problems).	0	1	2	3	4
12. Intuitively knows the answer to many mathematical problems.	0	1	2	3	4

Total: ☐ = 0 + ( ) + ( ) + ( ) + ( )

Scale 4: Science

	Never	Rarely	Some	Somewhat More	Much More
1. Enjoys investigating and exploring science-related topics.	0	1	2	3	4
2. Is able to formulate sound hypotheses based on evidence.	0	1	2	3	4
3. Understands the scientific process.	0	1	2	3	4
4. Asks analytical questions(i.e., questions about the elements or parts of a problem).	0	1	2	3	4
5. Initiates science investigations on own.	0	1	2	3	4
6. Is observant; sees details.	0	1	2	3	4
7. Can apply a scientific finding from one situation to another.	0	1	2	3	4
8. Effective in deductive reasoning(i.e., can start with the big idea and break it into parts).	0	1	2	3	4
9. Can quickly figure out cause-and-effect relationships.	0	1	2	3	4
10. Observes events closely.	0	1	2	3	4
11. Understands how scientific events are related.	0	1	2	3	4
12. Is persistent in conducting scientific investigations.	0	1	2	3	4

Total: ☐ = 0 + ( ) + ( ) + ( ) + ( )

Scale 5: Social Studies

	Never	Rarely	Some	Somewhat More	Much More
1. Has an intense curiosity about world and current events.	0	1	2	3	4
2. Makes judgments based on right and wrong.	0	1	2	3	4
3. Enjoys nonfiction books about social studies topics.	0	1	2	3	4
4. Makes connections between the past and present.	0	1	2	3	4
5. Appreciates the differences among world cultures.	0	1	2	3	4
6. Recognizes how cultures are related(e.g., individual to family, government to society).	0	1	2	3	4
7. Seeks to understand why people, cultures, or groups act the way they do.	0	1	2	3	4
8. Has a passion for a particular period of history (e.g., Crusades, Civil War).	0	1	2	3	4
9. Understands the importance of using trustworthy sources.	0	1	2	3	4
10. Desires to develop solutions to social problems.	0	1	2	3	4
11. Seeks to understand issues from many points of view.	0	1	2	3	4
12. Has an understanding of how people's environments affect their lifestyles.	0	1	2	3	4

Total: ☐ = 0 + ( ) + ( ) + ( ) + ( )

Scale 6: Creativity

	Never	Rarely	Some	Somewhat More	Much More
1. Seeks to create rather than imitate.	0	1	2	3	4
2. Is persistent in finding solutions to problems.	0	1	2	3	4
3. Is proficient at problem finding.	0	1	2	3	4
4. Enjoys taking risks(e.g., doesn't mind consequences of being different, not afraid to try something new).	0	1	2	3	4
5. Breaks gender stereotypes.	0	1	2	3	4
6. Does not mind uncertainty.	0	1	2	3	4
7. Enjoys time along(particularly when engaged in the creative process).	0	1	2	3	4
8. Is an excellent improviser.	0	1	2	3	4
9. Has a passionate interest or talent(e.g., art, poetry, creative writing, or science).	0	1	2	3	4
10. Is attracted to the complex and unique.	0	1	2	3	4
11. Likes adventure; is energetic.	0	1	2	3	4
12. Values own creativity.	0	1	2	3	4

Total: ☐ = 0 + ( ) + ( ) + ( ) + ( )

Scale 7: Leadership

	Never	Rarely	Some	Somewhat More	Much More
1. Is sought out by peers for advice, companionship, and ideas.	0	1	2	3	4
2. Is sensitive to the needs and concerns of others.	0	1	2	3	4
3. Adjusts easily to new situations.	0	1	2	3	4
4. Is considered a "peacemaker" by peers.	0	1	2	3	4
5. Has self-discipline.	0	1	2	3	4
6. Has an advanced level of ethical and moral understanding(i.e., knows right from wrong).	0	1	2	3	4
7. Is goal oriented.	0	1	2	3	4
8. Inspires loyalty from others.	0	1	2	3	4
9. Is supportive of peers.	0	1	2	3	4
10. Is viewed as fair or caring.	0	1	2	3	4
11. Has high ideals.	0	1	2	3	4
12. Expresses concern for and interest in community and world issues.	0	1	2	3	4

Total: ☐ = 0 + ( ) + ( ) + ( ) + ( )

점수 요약

	원점수	표준점수	퍼센타일 순위
일반적인 지적 능력			
언어예술			
수학			
과학			
사회과학			
창의성			
리더십			

출처: *Scales for Identifying Gifted Students (SIGS)* by G. R. Ryser and K. McConnell (2004), Prufrock Press.

부록 C: SIGS 가정 평정척도–한국어

Scale 1: **일반적인 지적 능력**

	전혀	드물게	약간	많이	아주 많이
1. 추론 능력이 뛰어나다.	0	1	2	3	4
2. 인과관계를 쉽게 설정한다.	0	1	2	3	4
3. 다양한 관점에서 문제를 분석할 수 있다.	0	1	2	3	4
4. 증거에 기초하여 좋은 결론에 도달할 수 있다.	0	1	2	3	4
5. 호기심이 있어 문제에 대한 대답을 추구한다.	0	1	2	3	4
6. 계획을 잘 세우고 의사결정을 잘한다.	0	1	2	3	4
7. 상황에 맞게 정보를 모은다.	0	1	2	3	4
8. 건전한 비판과 호기심을 보인다.	0	1	2	3	4
9. 어떤 주제에 대해 복잡한 질문을 제기한다.	0	1	2	3	4
10. 신기한 문제도 재빨리 이해할 수 있다.	0	1	2	3	4
11. 문제를 해결하기 위해 필요한 바를 찾아낼 수 있다.	0	1	2	3	4
12. 쉽게 새로운 정보를 옛 정보와 연계할 수 있다.	0	1	2	3	4

합계: ☐ = 0 + (　) + (　) + (　) + (　)

Scale 2: 언어예술

주의: 표현한 항목에 대해서 문제는 구어와 문어 모두를 잘 한다. 예를 들어, "수준 높은 어휘를 가지고 있다"는 상급 수준의 구어 어휘 및 문어 어휘를 지칭할 수 있다.	전혀	드물게	약간	많이	아주 많이
1. 수준 높은 어휘를 가지고 있다.	0	1	2	3	4
2. 잘 그리고 자주 읽는다.	0	1	2	3	4
3. 복잡한 구문을 사용한다(예: 단어를 연결 짓는 방법).	0	1	2	3	4
4. 읽고 들은 것으로 떠오른 생각 혹은 감정에 대해 이야기하는 것을 즐긴다.	0	1	2	3	4
5. 수준 높은 책을 선호하며, 어려운 읽기 자료를 좋아한다.	0	1	2	3	4
6. 정확하고 분명하게 설명한다.	0	1	2	3	4
7. 의미를 만들기 위해 표현을 하면서 읽고 말한다.	0	1	2	3	4
8. 비일상적 혹은 신기한 방식으로 언어를 사용한다.	0	1	2	3	4
9. 비판적으로 읽는다(예: 주의 깊게 판단과 평가를 하면서 읽는다).	0	1	2	3	4
10. 성숙한 주제와 어휘를 사용한다.	0	1	2	3	4
11. 다른 사람들이 이해할 수 있도록 생각을 표현하는 여러 방법을 찾을 수 있다.	0	1	2	3	4
12. 해석(설명)을 할 만큼 문학작품이나 기타 문제에 대해 논의할 수 있다.	0	1	2	3	4

합계: ☐ = 0 + ( ) + ( ) + ( ) + ( )

Scale 3: 수학

	전혀	드물게	약간	많이	아주 많이
1. 수학적 패턴과 관계를 인식한다(예: 수의 계열을 확장하고, 어떻게 두 수가 연결되는지 분석한다).	0	1	2	3	4
2. 한 가지 수학적 문제에서 비롯된 생각을 다른 것에 적용한다.	0	1	2	3	4
3. 수학적 문제에 대한 해결을 찾을 때 지구력이 있다.	0	1	2	3	4
4. 수학적 원리를 빨리 이해한다.	0	1	2	3	4
5. 수학적 문제에서 관련이 있는 정보와 관련이 없는 정보를 쉽게 구분할 수 있다.	0	1	2	3	4
6. 수학적 문제를 해결하는 데 창의적 혹은 비일상적인 책략을 사용한다.	0	1	2	3	4
7. 수준 높은 수학적 개념에 능숙하다.	0	1	2	3	4
8. 수학적 문제를 해결하기 위해 여러 책략을 개발한다.	0	1	2	3	4
9. 정확한 수학적 언어를 사용한다.	0	1	2	3	4
10. 다양한 수학적 주제에 관한 지식을 가지고 있다.	0	1	2	3	4
11. 발견 지향적이다(예: 수학적 문제에 대한 답을 찾는 것을 좋아한다).	0	1	2	3	4
12. 여러 수학 문제에 대한 답을 직관적으로 알고 있다.	0	1	2	3	4

합계: ☐ = 0 + ( ) + ( ) + ( ) + ( )

Scale 4: **과학**

	전혀	드물게	약간	많이	아주 많이
1. 과학 관련 주제를 조사하고 탐색하는 것을 좋아한다.	0	1	2	3	4
2. 증거에 기초하여 논리적으로 가설을 형성할 수 있다.	0	1	2	3	4
3. 과학적 과정을 이해한다.	0	1	2	3	4
4. 분석적인 질문을 제기한다(예: 문제의 요소 혹은 부분에 대한 질문).	0	1	2	3	4
5. 스스로 과학적 연구를 실시한다.	0	1	2	3	4
6. 관찰을 잘한다(세부적인 것을 본다).	0	1	2	3	4
7. 과학적으로 발견한 것을 한 상황에서 다른 상황에 적용할 수 있다.	0	1	2	3	4
8. 효과적으로 연역적인 추론을 한다(예: 큰 상에서 시작하여 세부로 나눌 수 있다).	0	1	2	3	4
9. 재빨리 인과관계를 찾아낼 수 있다.	0	1	2	3	4
10. 사건을 면밀하게 관찰한다.	0	1	2	3	4
11. 과학적 사건이 어떻게 연결되는지 이해한다.	0	1	2	3	4
12. 과학적 연구를 실시할 때 지구력이 있다.	0	1	2	3	4

합계: ☐ = 0 + ( ) + ( ) + ( ) + ( )

Scale 5: **사회과학**

	전혀	드물게	약간	많이	아주 많이
1. 세상과 현재 사건에 대해 호기심이 많다.	0	1	2	3	4
2. 옳고 그른 것에 기초하여 판단을 한다.	0	1	2	3	4
3. 사회과학 주제에 대한 비사실적인 책을 읽는다.	0	1	2	3	4
4. 과거와 현재 사이에 관련을 짓는다.	0	1	2	3	4
5. 세계 문화 사이의 차이점을 평가한다.	0	1	2	3	4
6. 어떻게 문화가 관련되는지 인식한다(예: 개인과 가족, 정부와 사회).	0	1	2	3	4
7. 사람, 문화 혹은 집단이 왜 그렇게 행동하는지 이해하고자 한다.	0	1	2	3	4
8. 특정한 역사 시기에 대한 열정이 있다(예: 십자군, 남북전쟁).	0	1	2	3	4
9. 신뢰로운 자원을 사용하는 것이 갖는 중요성을 이해한다.	0	1	2	3	4
10. 사회 문제에 대해 해결 방안을 개발하려는 열망이 있다.	0	1	2	3	4
11. 여러 관점에서 문제를 이해하고자 한다.	0	1	2	3	4
12. 어떻게 사람의 환경이 그들의 생활 스타일에 영향을 주는지 이해한다.	0	1	2	3	4

합계: ☐ = 0 + ( ) + ( ) + ( ) + ( )

Scale 6: **창의성**

	전혀	드물게	약간	많이	아주 많이
1. 모방하기보다는 창의적이다.	0	1	2	3	4
2. 문제 해결 방안을 찾을 때 지구력이 있다.	0	1	2	3	4
3. 능숙하게 문제를 발견한다.	0	1	2	3	4
4. 위험을 즐거이 감수한다(예: 다른 것으로 비롯되는 결과를 감수하며, 무언가 새로운 것을 시도하는 데 두려워하지 않는다).	0	1	2	3	4
5. 성 고정관념을 깬다.	0	1	2	3	4
6. 불확실한 것을 꺼려하지 않는다.	0	1	2	3	4
7. 혼자 있는 시간을 즐긴다(특히 창의적인 과정에 참여할 때).	0	1	2	3	4
8. 즉석에서 무언가를 하는 데 뛰어나다.	0	1	2	3	4
9. 열렬한 흥미나 재능을 가지고 있다(예: 미술, 시, 창의적인 작문 혹은 과학).	0	1	2	3	4
10. 복잡하고 독특한 것에 매력을 느낀다.	0	1	2	3	4
11. 모험을 좋아하고 열성적이다.	0	1	2	3	4
12. 자신의 창의성에 가치를 부여한다.	0	1	2	3	4

합계: ☐ = 0 + ( ) + ( ) + ( ) + ( )

Scale 7: **리더십**

	전혀	드물게	약간	많이	아주 많이
1. 친구들이 조언, 동료애 및 생각을 묻는다.	0	1	2	3	4
2. 다른 사람의 요구와 관심에 민감하다.	0	1	2	3	4
3. 쉽게 새로운 환경에 적응한다.	0	1	2	3	4
4. 또래들이 "중재자"라고 생각한다.	0	1	2	3	4
5. 자기 관리를 잘한다.	0	1	2	3	4
6. 높은 수준의 윤리와 도덕적인 이해를 가지고 있다 (예: 옳고 그름을 구분한다).	0	1	2	3	4
7. 목표 지향적이다.	0	1	2	3	4
8. 다른 사람들의 성실성을 고무한다.	0	1	2	3	4
9. 또래를 지원해 준다.	0	1	2	3	4
10. 공정하고 잘 도와주는 것으로 비춰진다.	0	1	2	3	4
11. 높은 이상을 가지고 있다.	0	1	2	3	4
12. 지역사회 및 세상 문제에 관심과 흥미를 표현한다.	0	1	2	3	4

합계: ☐ = 0 + (   ) + (   ) + (   ) + (   )

점수 요약

	원점수	**표준점수**	**퍼센타일 순위**
일반적인 지적 능력			
언어예술			
수학			
과학			
사회과학			
창의성			
리더십			

출처: *Scales for Identifying Gifted Students (SIGS)* by G. R. Ryser and K. McConnell (2004), Prufrock Press. Copyright © 2004 by Prufrock Press. Reprinted with permission.

참고문헌

Abedi, J. (2004). Challenges in the No Child Left Behind Act for English-language learners. *Phi Delta Kappan, 85*(10), 782-785.

Aguirre, N. (2003). ESL students in gifted education. In J. A. Castellano (Ed.), *Special populations in gifted education: Working with diverse gifted learners* (pp. 17-27). Boston: Allyn & Bacon.

Ashman, S. S., & Vukelich, C. (1983). The effect of different types of nomination forms on teachers' identification of gifted children. *Psychology in the Schools, 20*, 518-527.

Baker, C. (2000). *A parents' and teachers' guide to bilingualism* (2nd ed.). Clevedon, England: Multilingual Matters.

Baker, C. (2001). *Foundations of bilingual education and bilingualism* (3rd ed.). Clevedon, England: Multilingual Matters.

Baker, C., & Hornberger, N. H. (Eds.). (2001). *An introductory reader to the writings of Jim Cummins*. Clevedon, England: Multilingual Matters.

Banks, J. A. (1995). Multicultural education: Historical development, dimensions, and practice. In J. A. Banks & C. A. M. Banks (Eds.), *Handbook of research on multicultural education* (pp. 3-24). New York: Macmillan.

Besnoy, K. (2005). Using public relations strategies to advocate for gifted programming in your school. *Gifted Child Today, 28*, 32-37, 65.

Betts, J. R., Zau, A. C., & Rice, L. A. (2003). *New insights into school and classroom factors affecting student achievement*. San Francisco, CA: Public Policy Institute of California.

Bialystok, E. (1991). *Language processing in bilingual children*. New York: Cambridge University Press.

Bracken, B. A., & Brown, E. F. (2004, November). *Behavioral identification of gifted and talented students*. Paper presented at the 51st Annual Convention of the National Association for Gifted Children, Salt Lake City, UT.

Brown, L., Sherbenou, R., & Johnsen, S. K. (1997). *Test of Nonverbal Intelligence* (TONI-3). Austin, TX: Pro-Ed.

Castellano, J. A. (Ed.). (2003). *Special populations in gifted education: Working with diverse gifted learners*. Boston: Allyn & Bacon.

Castellano, J. A., & Díaz, E. (2002). *Reaching new horizons: Gifted and talented education for culturally and linguistically diverse students*. Boston: Allyn & Bacon.

Cummins, J. (1999). *Basic interpersonal communicative skills and cognitive academic language proficiency*. Retrieved January 27, 2005, from http://www.iteachilearn.com/cummins/bicscalp.html

Dicker, S. J. (2000). Official English and bilingual education: The controversy over language pluralism in U.S. society. In J. K. Hall & W. G. Eggington (Eds.), *The sociopolitics of English language teaching*. Clevedon, England: Multilingual Matters.

Echevarria, J., Vogt, M. E., & Short, D. J. (2004). *Making content comprehensible to English learners: The SIOP model* (2nd ed.). Boston: Allyn & Bacon.

Education of All Handicapped Children Act of 1975, Pub. Law 94-142 (November 29, 1975).

Feuerstein, R., Rand, Y., & Hoffman, M. B. (1979). *The dynamic testing of retarded performers: The learning potential assessment device: Theory, instruments, and techniques*. Baltimore: University Park Press.

Ford, D. Y., & Harris. J. J., III. (1999). *Multicultural gifted education*. New York: Teachers College Press.

Ford, D. Y., Moore, J. L., III, & Milner, H. R. (2005). Beyond culture blindness: A model of culture with implications for gifted education. *Roeper Review, 27*, 97–103.

Frasier, M. M. (1989). Identification of gifted Black students: Developing new perspectives. In C. J. Maker & S. W. Schiever (Eds.), *Critical issues in gifted education: Defensible programs for cultural and ethnic minorities* (Vol. 2, pp. 213–225). Austin, TX: Pro–Ed.

Freedle, R. O. (2002). Correcting the SAT's ethnic and social class bias: A method for re–estimating SAT scores. *Harvard Educational Review, 72*, 1–43.

Gay, G. (2000). *Culturally responsive teaching: Theory, research, and practice*. New York: Teachers College Press.

Gibbs, W. W. (2002, August). Saving dying languages. *Scientific American, 287*, 78–85.

Golden, D. (2004, April 7). Boosting minorities in gifted programs poses dilemmas; Nontraditional criteria lift admissions of blacks, poor; Fear of diluting programs; New focus on the very top. *Wall Street Journal*, p. 1A.

Gonzalez, V. (Ed.). (1999). *Language and cognitive development in second language learning: Educational implications for children and adults*. Boston: Allyn & Bacon.

Granada, J. (2003). Casting a wider net: Linking bilingual and gifted education. In J. A. Castellano (Ed.), *Special populations in gifted education: Working with diverse gifted leaners* (pp. 1–16). Boston: Allyn & Bacon.

Howard, G. R. (1999). *We can't teach what we don't know: White teachers, multiracial schools*. New York: Teachers College Press.

Individuals With Disabilities Education Act, 20 U. S. C. § 1401 et seq. (1990).

Jarosewich, T., Pfeiffer, S. I., & Morris, J.(2002). Identifying gifted students using teacher rating scales: A review of existing instruments. *Journal of Psychoeducational Assessment, 20*, 322–336.

Joint committee on Standards for Educational and Psychological Testing of the American Educational Research Association, the American Psychological Association, and the National Council on Measurement in

Education. (1999). *Standards for educational and psychological testing.* Washington, DC: Author.

Klein, S., Burgarin, R., Beltranena, R., & McArthur, E. (2004). *Language minorities and their educational and labor market indicators-recent trends* (National Center for Education Statistics Report No. 2004009). Washington, DC: US Department of Education.

Kulik, J. A., & Kulik, C-L. C. (1992). Meta-analytic findings on grouping programs. *Gifted Child Quarterly, 36*, 73-77.

Lessow-Hurley, J. (2003). *Meeting the needs of second language learners: An educator's guide.* Alexandria, VA: Association for Supervision and Curriculum Development.

Lidz, C. S., & Elliott, J. (Eds.). (2000). *Dynamic assessment: Prevailing models and applications.* New York: Elsevier.

Lohman, D. F. (2005a). Review of Naglieri and Ford (2003): Does the Naglieri Nonverbal Ability Test identify equal proportions of high-scoring White, Black, and Hispanic students? *Gifted Child Quarterly, 49*, 19-28.

Lohman, D. F. (2005b). The role of nonverbal ability tests in identifying academically gifted students: An aptitude perspective. *Gifted Child Quarterly, 49*, 111-138.

Martorell, M. (2000). Bilingualism and creativity. In G. B. Esquivel & J. C. Houtz (Eds.), *Creativity and giftedness in culturally diverse students* (pp . 83-101). Cresskill, NJ: Hampton Press.

Matthews, M. S. (2001, April). *Southeastern public education responds to change in Hispanic Population, 1985-2000.* Paper presented at the 82nd Annual Meeting of the American Educational Research Association, Seattle, WA. (ERIC document reproduction service No. ED453305)

Matthews, M. S. (2002a). Dynamic assessment of academic ability of bilingual immigrant Latino children. (Doctoral dissertation, University of Georgia, 2002). *Dissertation Abstracts International, 63*(02), 498.

Matthews, M. S. (2002b). Parental bilingualism's relationship to creativity of parents and their children. *Gifted and Talented International, 17*, 31-38.

Matthews, M. S. (in press). Gifted students dropping out: New evidence from a Southeastern state. *Roeper Review.*

Matthews, P. H., & Matthews, M. S. (2004). Heritage language instruction and giftedness in language minority students: Pathways toward success. *Journal of Secondary Gifted Education*, *15*, 50-55.

Naglieri, J. A. (1996). *Naglieri Nonverbal Ability Test*. San Antonio, TX: Harcourt Brace.

Naglieri, J. A., & Ford, D. Y. (2005). Increasing minority children's participation in gifted classes using the NNAT: A response to Lohman. *Gifted Child Quarterly*, *49*, 29-36.

No Child Left Behind Act, 20 U. S. C. § 6301 (2001).

Noel, J. (2000). *Developing multicultural educators*. New York: Longman.

Piper, T. (2003). *Language and learning: The home and school years* (3rd ed.). Upper Saddle River, NJ: Merrill.

Raven, J., Raven, J. C., & Court, J. H. (2000). *Standard Progressive Matrices: Including the parallel and plus versions*. Oxford, UK: Oxford Psychological Press.

Renzulli, J. S., & Park, S. (2002). *Giftedness and high school dropouts: Personal, family, and school-related factors* (Research Monograph No. RM02168). Storrs, CT: The National Research Center on the Gifted and Talented, University of Connecticut.

Renzulli, J. S., Smith, L. H., White, A. J., Callahan, C. M., Hartman, R. K., Westberg, K. L. (2002). *Scales for Rating the Behavioral Characteristics of Superior Students* (Revised ed.). Mansfield Center, CT: Creative Learning Press.

Rimm, S. B., & Lovance, K. J. (1992). The use of subject and grade skipping for the prevention and reversal of underachievement. *Gifted Child Quarterly*, *36*, 100-105.

Rivera, C., & Stansfield, C. W. (2004). *Leveling the playing field for English language learners: Increasing participation in state and local assessments through accommodations: Test preparation as an accommodation*. Retrieved September 30, 2005, from http://www.helpforschools.com/ELLKBase/tips/TestPrepasAccommodation.shtml

Rogers, K. B. (2002). *Re-forming gifted education: Matching the program to the child*. Scottsdale, AZ: Great Potential Press.

Ryser, G. R., & McConnell, K. (2004). *Scales for identifying gifted students (SIGS).* Waco, TX: Prufrock Press.

Schmid, C. L. (2001). Educational achievement, language minority students, and the new second generation. *Sociology of Education, 74*, 71–87.

Siegle, D. (2001, April). *Teacher bias in identifying gifted and talented students.* Paper presented at the 80th Annual Meeting of the Council for Exceptional Children, Kansas City, MO. (ERIC Document Reproduction Service No. ED454664)

Skutnabb-Kangas, T. (2000). Linguistic human rights and teachers of English. In J. K. Hall & W. G. Eggington (Eds.), *The sociopolitics of English language teaching* (pp. 22–44). Clevedon, England: Multilingual Matters.

Smutny, J. F., Walker, S. Y., & Meckstroth, E. A. (1997). *Teaching young gifted children in the regular classroom: Identifying, nurturing, and challenging ages 4–9.* Minneapolis, MN: Free Spirit Publishing.

Sternberg, R. J. (2004). Good intentions, bad results: A dozen reasons why the No Child Left Behind Act is failing our schools. *Education Week, 24*(9), 42, 56.

Sternberg, R. J., & Grigorenko, E. L. (2002). *Dynamic testing: The nature and measurement of learning potential.* New York: Cambridge University Press.

Sternberg, R. J., Grigorenko, E. L., & Bundy, D. A. (2001). The predictive value of IQ. *Merrill-Palmer Quarterly, 47*, 1–41.

Swanson, H. L. (1996). *Swanson-Cognitive Processing Test.* Austin, TX: Pro-Ed.

Swanson, H. L., & Lussier, C. M. (2001). A selective synthesis of the experimental literature on dynamic assessment. *Review of Educational Research, 71*, 321–363.

Tokuhama-Espinosa, T. (2001). *Raising multilingual children: Foreign language acquisition and children.* Westport, CT: Bergin & Garvey.

Torrance, E. P., Goff, K., & Satterfield, N. B. (1998). *Multicultural mentoring of the gifted and talented.* Waco, TX: Prufrock Press.

Tzuriel, D. (2001). *Dynamic assessment of young children.* New York:

Springer.

UNESCO. (1996). *Universal declaration of linguistic rights.* Retrieved September 29, 2005, from http://www.unesco.org/most/lnngo11.htm

Valdés, G. (Ed.). (2003). *Expanding definitions of giftedness: The case of young interpreters from immigrant communities.* Mahwah, NJ: Lawrence Erlbaum Associates.

Valenzuela, A. (1999). *Subtractive schooling: U.S. Mexican youth and the politics of caring.* Albany: State University of New York Press.

VanTassel-Baska, J. (2003, March 7). *Quo vadis, gifted education?* Paper presented at the Fireside Chat, National Curriculum Network Conference, 15th Year Celebration of the Center for Gifted Education. Retrieved February 22, 2005, from http://cfge.wm.edu/VanTassel-BaskaNCNCSpeech2003.pdf

Wright, W. E. (2005). *Evolution of Federal policy and implications of No Child Left Behind for language minority students.* Tempe, AZ: Education Policy Studies Laboratory, Language Policy Research Unit. Retrieved February 11, 2005, from http://www.asu.edu/educ/epsl/EPRU/documents/EPSL-0501-101-LPRU.pdf

찾아보기

〈기타〉

저자 소개

Michael S. Matthews 박사는 Tampa에 있는 사우스플로리다 대학 특수교육과 내 영재교육 프로그램 부교수이다. Matthews 박사는 조지아 대학에서 영재와 창의성 교육에 주안점을 두고, 교육심리학으로 박사 학위를 취득하였다. 사우스플로리다 대학으로 옮기기 전에는 듀크 대학 재능 발굴 프로그램에서 포스트 닥터 연구원으로 재직하였다.

Matthews 박사는 주, 국가 및 국제회의에서 영재교육에 대한 정기적인 강연을 하고 있다. 또한 American Educational Research Association의 특수 관심 집단, 영재에 대한 연구에서 2006년 프로그램 의장을 역임하였다. Matthews 박사는 *Gifted Child Quarterly, Journal of Secondary Gifted Education*과 *Journal for the Education of the Gifted* 논문 심사위원이다. 또한 Matthews 박사는 사우스플로리다 대학에서 영재와 창의성 분야에서 대학원 과정을 지도하고 있으며, 미성취, 과학교육과 영재교육 내 문화적 및 언어적 다양성과 관련된 여러 문제들에 관심을 기울이고 포괄하고 있다.

역자 소개

이미순 (uconnmisoon@korea.ac.kr)

- 동덕여자대학교 자연과학대학 아동학과(이학사)
- 연세대학교 생활과학대학 아동학과(문학석사)
- University of Connecticut 교육심리(철학박사, 영재교육전공

현) 인천대학교 과학영재교육연구소 특별연구원
고려대학교 교육대학원 영재교육 겸임교수
한국교육개발원 영재교육센터 연구위원
National Research Center for the Gifted and Talented(NRC/GT) 연구원

■ 저서 및 논문

- 영재상담(2008, 박학사)
- 교육과정 압축: 우수학생을 위한 정규교육과정 수정지침(2007, 박학사)
- 다중메뉴모델: 차별화된 교육과정 개발을 위한 실제적인 지침(2007, 박학사)
- 심화집단: 실제세계, 학생-주도적인 학습을 위한 실제적인 지침(2007, 박학사)
- 영재아 행동특성 평정척도(2007, 박학사)
- 재능개발을 위한 학교: 학교의 전반적인 개선을 위한 실제적인 계획(2007, 박학사)
- 종합재능기록표: 영재아 판별과 교육을 위한 체계적인 계획(2007, 박학사)
- 학습스타일 검사도구, 3판: 학생이 선호하는 교수방법 측정도구(2007, 박학사)
- 흥미도구들: 교사용 지침(2007, 박학사)
- 소외 영재 지도교사의 성공적인 지능 교수효능감(2006)
- 조기진급 및 조기졸업 유무에 따른 학업 동기와 자기조절적인 학습능력(2006)
- Effects of Cultural Orientation on Psychosocial Adaptation of Korean Americans(2007) 외

영어 영재를 위한 실제적인 책략

Working With Gifted English Language Learners

초판 인쇄 | 2009년 1월 5일
초판 발행 | 2009년 1월 10일
저　　자 | Michael S. Matthews
역　　자 | 이미순
발 행 인 | 홍진기
발 행 처 | 아카데미프레스

주　　소 | 122-900 서울시 은평구 역촌동 58-9
부호아파트 102동 상가3호
전　　화 | (02)2694-2563
팩　　스 | (02)2694-2564
웹 사 이 트 | www.academypress.co.kr
등 록 일 | 2003. 6. 18
I S B N | 978-89-91517-35-6

가격 6,000원

• 역자와의 합의하에 인지첨부는 생략합니다.
• 잘못된 책은 바꾸어 드립니다.